KB063490

기분을 이기는

생각

기분을 이기는
생각

리샹룽 지음

이지수 옮김

책상속
BOOKS

목차

Keyword 4

기분을 이기는 … #생각

Keyword 5

#꾸준함 … 시간이 주는 선물

서른한 살이 되었지만
나는 아직도 **어린아이** 같다

#1

바쁜 하루를 보내고 컴퓨터 앞에 앉았다. 떠들썩한 술자리 대신 혼자 조용히 술을 마신다.

위스키를 잔에 따르고 나서야 집에 얼음이 없다는 사실을 깨달았다. 친구들이 집에 왔을 때 다 써 버린 모양이다. 하여튼 이놈들은 얼음을 쓸 줄만 알지, 새로 채워 놓을 생각은 안 한다니까. 내가 어디 다시 초대하나 보자!

그때 문득 이런 생각이 들었다. 이 세상에 물을 순식간에 얼음으로 바꿔 주는 마법이 존재할까? 사람을 단숨에 성공시켜 주는 방법은? 출발과 동시에 결승점에 도착할 수 있는 길은? 이런저런 생각을 하며 얼음을 얼리러 주방으로 향했다. 하지만 내 31년 인생을 돌아봤을 때 내가 생각할 수 있는 답은 오직 한 가지였다.

'없다.'

얼음을 얻고 싶으면 냉동실에 물을 넣고 몇 시간을 기다려야 하고, 성공하고 싶다면 젊었을 때 고생을 마다하지 않고 노력해야 한다. 결승점에 빨리 도착하고 싶다면? 글쎄, 사람이 도착하는 결승점은 모두 같은데. 그렇게 빨리 갈 필요 있을까? 중요한 건 결승점까지 가는 과정이다.

사실 서른한 살이 되었지만서도 나는 아직도 어린아이 같다. 앞날에 대한 기대와 지난날에 대한 추억으로 지금까지 어찌어찌 살아왔다. 때때로 술이 떡이 되도록 취하기도 하고, 뜨거운 눈물을 흘리기도 하고, 껄껄껄 웃기도 하고, 슬픔과 절망에 빠지기도 하면서.

사실 내가 이렇게 오래 버틸 수 있을지는 몰랐다. 꿈을 이루기 위해 얼마나 더 큰 노력을 쏟을 수 있을지 몰랐던 것처럼 말이다.

하지만 올 한 해 나는 또 한 번 열심히 뛰고 있다. 흘러가는 세월을 막을 수는 없어도, 꿈이 잊히지 않게 꼭 붙들고 있을 수는 있다.

서른한 살(2021년 당시)이 된 지금, 나는 다시 한번 '꿈'이라는 것에 관해 이야기하려고 한다. 어려서부터 줄곧 남들의 비웃음만 샀던 그 '꿈'에 대해 이제는 자랑스럽게 이야기해 보겠다.

#2

그동안 내 글을 그저 그런 뻔한 이야기라고 치부하는 사람들이 있었다. 그러나 내가 쓴 글이 드라마와 영화로 만들어지고, 독자들이 점점 늘어나며 몸값이 높아지자 그런 사람들도 서서히 입을 다물었다.

사실 남들에게 보여 주기 위해 인생을 사는 건 아니다. 모든 꿈이 스스로에 대한 다짐인 것처럼 말이다.

《당신은 겉보기에 노력하고 있을 뿐》의 재판본이 출간되었다. 책에 저자 사인을 마치고 나와, 베이징에 즐비한 고층 건물들을 올려다보다가 나도 모르게 눈물이 그렁그렁 맺혔다. 조금 전, 편집자가 잠시 자리를 비운 사이 사인을 멈추고 내가 썼던 글을 몇 장 읽어 봤다. 어색하고 풋풋한 글귀 속에서 그 시절의 내 모습이 보였다.

의지할 곳 하나 없이 홀로 베이징으로 상경했던 한 청년. 부모님의 든든한 울타리 안에서 편안한 삶을 살 수도 있었지만, 나는 홀로서기를 선택했다. 이런 내게 어떻게 꿈이 중요하지 않을 수 있을까?

휴대폰을 꺼내 화면 속 내 모습을 바라보며 이렇게 생각했다.

'서른 살, 네가 늘 꿈꿔 왔던 모습으로 살고 있구나.'

그 글은 매일 밤 자신에게 쓰는 '혈서'였다. 열정 가득 담긴 그 글은 내게 이렇게 말해 줬다.

'리샹룽, 한 걸음 한 걸음 착실히 걸어 오늘 여기까지 왔구나. 비록 네 걸음은 느렸지만 멈추지 않았어.'

산 정상에 오르면 산을 오를 때의 괴로움은 까맣게 잊고 거들먹거리며 뭇 산들을 내려다본다. 아주 소수의 사람만이 정상에 오르고도 뭇 산들을 하찮게 내려다보지 않는다. 그들은 세상에는 높은 산들이 아주 많고, 그 위치와 크기도 저마다 다르다는 사실을 알기 때문이다. 하지만 어쨌든 산 정상에 서 있다는 것은 산 아래에 있을 때보다 훨씬 단단해졌다는 것을 의미한다.

이번 한 해 나는 그런 사람이 되었다.

종종 궈마오(國貿)에 있는 사무실에서 나와서 높은 빌딩을 올려다보며 지난날을 떠올리곤 한다. 내가 처음으로 글을 써서 올렸을 때 누군가 이런 댓글을 남겼었다.

'글은 이렇게 막 쓰는 게 아니에요. 가서 수업이나 더 듣고 와요.'

그런데 이제는 수업을 들으러 가면 누군가 이렇게 말한다.

'당신처럼 글을 잘 쓰는 사람은 수업을 그만 들어도 되지 않을까요.'

그 수많은 밤 동안 나는 글을 썼다.

스물네 살 생일, 한 여자아이에게 노트를 한 권 선물 받았었다. 그 노트는 아름답게 피어나는 한 송이 장미처럼 아름답고 정교했다. 노트의 첫 페이지에는 이렇게 쓰어 있었다.

'사는 게 힘들어도 계속 앞으로 나아가렴. 그리고 너의 이야기를 여기에 들려줘.'

그 여자아이와는 진즉에 연락이 끊겼지만, 이 말은 두고두고 내 머릿속에 남아 있다.

#3

지난 5년 동안 하루도 쉬지 않고 달렸다. 현재 나는 교육, 문학, 미디어 산업에서 기량을 마음껏 뽐내고 있다. 그동안의 노력과 힘겹게 견뎌온 외로운 나날들이 결코 헛되지 않을 만큼 말이다.

5년 동안 카오충(拷蟲)에서 일하면서 천만 명이 넘는 학생들을 도왔고, 열 권의 책을 출간했으며, 천만 부에 가까운 판매량(2021년 당시)을 기록했다. 그리고 10년 동안 내가 사랑하는 사람들의 기대를 저버린 적도 없었다. 지난 몇 년간 수많은 멘토들이 나를 이끌어 줬다면, 서른한 살부터는 나도 누군가의 멘토가 되어야겠다고 생각했다.

한 번은 누나와 밥을 먹을 때 누나가 내게 물었다.

"누군가의 멘토가 되어 주는 일, 힘들지 않아?"

내가 말했다.

"아니. 하루하루가 너무 신나. 예전에는 하루에 고작 몇 시간만 깨어 있는 느낌이었다면 지금은 열 몇 시간씩 깨어 있는 느낌이야."

나는 '조깅'과 '음주'라는 두 가지의 아주 모순된 취미를 즐긴다. 이 두 가지 취미는 서로 다른 방식으로 나를 깨어 있게 해 준다. '조깅'이 경영, 자금 조달, 인재 모집 같은 비즈니스 세계의 논리를 처리하도록 도와준다면, '음주'는 문학과 감정이라는 내면세계의 의식을 처리하도록 도와준다.

얼마 전 형제처럼 지내는 친한 동생이 '페이츠 아카데미(飛馳學院, 저자 리샹룽이 설립한 청년 성장 브랜드-역주)'의 미디어 총감독으로 정식 입사했다. 그날 술을 잔뜩 마신 동생이 갑자기 두 눈이 붉어지더니 이렇게 말했다.

"형, 형은 정말 대단해. 우리가 예전에 장난처럼 이야기한 일들을 모두 이뤘잖아."

대학을 다니던 어느 날, 그가 신청서 한 장을 들고 와서 말했었다.

"형, 우리 로봇 대회에 함께 나가 보자. 팀명은 '동방의 용' 어때?"

나는 로봇 대회에 왜 나가려고 하는지 되물었다.

"우리처럼 똑똑한 사람들이 뭉치면 뭔들 못하겠어? 길거리에서 양꼬치를 팔아도 성공할 거야. '동방의 용'은 우리 회사 이름이고, 우리는 세상의 변화를 이끄는 주역이 될 거야."

그날 나도 술에 거나하게 취해 그에게 말했다. 비록 이름은 다르지만, 그때 우리가 꿈꾸던 일을 함께 이룬 거라고. 앞으로 더 많은 친구들이 저렴한 가격에 좋은 강의를 들을 수 있도록, 더 많은 교육 자원을 더 멀리 전달할 수 있도록 노력하겠다고 말했다.

그날 술집에서는 우웨텐의 노래가 흘러나오고 있었는데, 말을 하다 말고 나도 모르게 눈물이 흘렀다. 서른한 살 먹고 우웨텐 노래에 눈물 흘리다니⋯ 나는 아직도 어린아이인가 보다.

#4

종종 스물네 살이 되던 해의 생일을 떠올린다. 그해 생일 무렵, 나는 신동방(新東方, 중국의 교육기업-역주)을 그만두고 백수 상태였던 데다가 실연의 아픔에도 빠져 있었다. 집 월세를 제때 내기도 힘들었고, 콘서트를 보러 가서는 혼자 눈물 콧물 다 흘리며 펑펑 울던 시절이었다.

그랬던 생일에, 시끄러운 소리에 놀라 잠이 깼다. 나는 아무 옷이나 걸쳐 입고 무작정 런민(人民)대학교 도서관으로 가서 노트북을 켜고 글을 쓰기 시작했다. 그렇게 한참을 글을 쓰다가 나도 모르게 바보처럼 울고 말았다.

당시 나는 세 평 남짓한 허름한 원룸에 세 들어 살고 있었는데, 욕실을 개조한 탓에 누군가 밤에 샤워하면 소리 때문에 잠을 잘 수가 없었다. 한 번은 아버지가 나를 보러 오셨다가 방 안을 보시고는 이내 눈시울을 붉히셨다.

생각해 보면 그때가 내 인생에서 가장 힘들었던 한 해였는데, 당시에는 잘 몰랐다. 사관학교에서의 혹독한 훈련도 견뎌 냈던 나였기에, 죽지 않을 정도의 시련은 나를 더 강하게 만들어 준다고 믿었다.

그날 밤, 나는 베이징에서 알고 지내는 친구들을 모두 불러냈다. 그래 봤자 열 명도 되지 않았지만. 그중에는 내가 가르치던 학생도 있었다. 안경을 쓴 친구였는데 이름은 기억나지 않는다. 그날 이 친구가 술을 두어 잔 마시더니 나를 똑바로 보고 이렇게 말했다.

"샹룽 선생님, 아니 샹룽 형, 아니 리샹룽! 당신은 반드시 성공할 거예요! 아니면 내 손에 장을 지집니다!"

신기하게도 그날 이후 모든 일이 잘 풀리기 시작했다.

지난 6년 동안 내가 잘한 일을 세 가지 꼽으라면 첫째는 책을 꾸준히 읽은 것, 둘째는 언제나 새로운 일에 도전한 것, 셋째는 대단한 사람들과 어깨를 나란히 한 것이라고 말할 수 있겠다.

아직 대단한 성공을 이루지는 못했지만, 내가 꿈꾸던 인생을 살고 있으니 적어도 나를 믿어 줬던 친구들의 기대는 저버리지 않은 셈이다. 나는 내가 몸담은 모든 분야에서 최대의 노력을 다하고 있으며, 가장 사랑하는 조력자들과 함께하고 있다.

그리고 이 모든 것은 이제 막 시작되었다.

#5

작년에 매니저인 샤오송과 술을 마시면서 '만약 이번 창업에 실패해도 너한테만큼은 아무 문제가 없게 할 테니 걱정하지 말라'는 말을 했었다.

그때 샤오송이 내게 말했다.

"형, 형은 절대 실패하지 않을 거예요."

내가 물었다.

"왜 그렇게 생각해?"

샤오송이 대답했다.

"형 같은 사람은 성공 못 할 수가 없으니까요."

그날 이후 나는 샤오샤오, 자신, 중밍, 탕베이, 스레이펑, 리둥

등 평소 내가 아끼는 사람들을 불러 모아 새로운 여정을 시작했다.

하루는 투자자가 내게 물었다.

"페이츠 아카데미는 어떻게 2021년 3월 20일 설립 당일부터 이익을 낼 수 있었던 거죠?"

나는 '내가 대단해서가 아니라, 나와 함께 일하는 사람들이 대단하기 때문이고, 그들이 각자 열 명 몫을 해 준 덕분'이라고 대답했다.

만약 이번 일에 실패하면 문제는 그들이 아니라 내가 무능해서일 것이다.

예전에 SNS에 이런 글을 쓴 적이 있다.

> 지식인은 창업을 해도 어쩐지 처량한 구석이 있다.
> 실적이 아무리 좋아도 '절망 속에서 한 줄기 희망을 찾다' 같은
> 감성적인 글을 쓰고 있으니 말이다.
> 나는 아직도 내가 어린아이 같다.
> 공부를 얼마나 많이 했든, 세상 경험이 얼마나 많든,
> 돈을 얼마나 많이 벌었든, 몇 살이든,

나는 아직도 철없는 어린아이 같다.

나는 누가 내 곁을 떠나가면 슬피 우는 어린아이다. 나도 모르게 어떤 일에 푹 빠져 버리기도 하고, 힘들 때 내 곁을 지켜 준 누군가에게는 평생 마음을 내주며, 부모님이 늙어 가는 모습에 마음 아파하는 어린아이다. 아무리 넘어지고 좌절해도 내일에 대한 희망으로 가득 찬 그런 어린아이다.

내 마음속에는 아직 앳된 소년이 살고 있다. 소년은 벌써 서른한 살이 되었지만, 나이가 무슨 상관인가. 모든 것은 이제 시작되지 않았는가!

#6

글을 쓰는 동안 냉동실에 얼음이 다 얼었다. 나는 잘 얼려진 얼음을 술잔에 넣었다.

원래 좋은 씨앗을 심으면 좋은 열매를 맺는 법이다. 그런데 누구든 과거로 돌아가서 씨앗을 심고 올 수는 없다. 그러니 지금 이 순간, 좋은 씨앗을 심어야 한다. 십 년 후 마흔이 넘었을 때 최고의 열매를 수확할 수 있도록 말이다.

마지막으로 누나, 생일 축하해! 우리는 특별한 사람이 되기 위해 이 세상에 태어났어. 내가 어리고 철없던 시절에 늘 내 옆에서 좋은 길을 안내해 줘서 정말 고마워. 이제 내 걱정은 말고 판투알과 웨이니 잘 키워. 나는 내 청춘과 열정으로 나만의 우주를 창조할 테니. 조카들이 크면 이 삼촌을 자랑스럽게 생각할 거야.

쉬지 않고 걸어가는 동안 내 곁에 머물러 준 모든 사람들, 고맙고 사랑합니다.

#용기

나를 더 멀리
그리고 강하게 이끌어 준 힘

이왕 사는 거라면
희망을 품고 살고 싶다

#1

상하이에서 베이징으로 돌아가는 비행기 안, 내 이어폰에서는 우웨톈(五月天)의 노래가 흘러나오고 있었다. 우웨톈의 노래를 듣는 건 정말 오랜만이었다. 사는 게 바빠지면서부터 음악을 듣는 것조차 내게는 큰 사치였으니까. 이십 대 때는 우웨톈의 노래를 들으면 저절로 힘이 솟았고, 늦은 밤까지 바쁘게 움직이는 사람들의 모습을 보며 이를 악물고 하루를 버틸 수 있었다.

그렇게 몇 년을 분주하게 뛰어다니다 보니 어느새 삼십 대가 되었다. 서른 즈음이 된 남자에게 흔히 나타나는 몇 가지 특징이 있는데, 예를 들면 이제는 무슨 일이든 쉽게 감동하지 않는다거나, 자기 계발에 소극적으로 변한다거나, 이성 이외의 것들에 관심을 두기 시작한다거나 하는 것 등이다.

비행기에 탄 서른 살(2020년 당시) 남자는 문득 귓가에 들려오는 멜로디에 자기도 모르게 눈시울이 붉어졌다. 종종 이렇게 혼자서 추억에 잠길 때가 있다. 지나간 일은 돌이킬 수 없다는 걸 알면서도, 어느 순간에는 꾹꾹 눌러 왔던 감정이 한순간에 무너져 버리기도 한다.

마스크가 다 젖도록 울고 있는 내 모습을 본 승무원은 깜짝 놀라 콜라 한 잔을 건네며 물었다.

"손님, 괜찮으십니까?"

나는 고개를 저으며 말했다.

"괜찮습니다. 눈이 좀 시려서요."

사실 내 머릿속은 여러 가지 생각으로 복잡했다. 창업을 한 이후로 내 감정은 피 끓는 사춘기 시절로 돌아간 것처럼 한층 더 예민해졌다. 하지만 넘어지고 좌절할 때마다 우웨텐의 노래를 들으며 다시 일어날 힘을 얻었다.

우웨텐이 베이징에서 콘서트를 연다면 열 일 제쳐 두고 무조

건 보러 갈 생각이었다. 하지만 전례 없는 팬데믹이 발생할 줄 누가 알았겠는가! 이제 음반으로만 그들의 노래를 들을 수 있겠구나 생각하던 그때, 온라인 콘서트를 연다는 기쁜 소식이 들려왔다. 그렇게 온라인 콘서트가 열리던 날, 신나게 콘서트를 즐기리라 마음먹고 텔레비전 앞에 앉았다. 그런데 노래를 듣던 나는 어느새 쪼그려 앉아 바보처럼 울고 있었다. 옆에서 지켜보던 여자 친구는 깔깔깔 웃으며 그런 내 모습을 휴대폰으로 찍어 놓았다.

그들의 노래 가사는 삶의 어떤 순간에 문득 나타나 한 줄기 빛처럼 내게 힘을 실어 줬고, 넘어지고 좌절해도 절대 포기하지 말라고 속삭여 줬다.

언제부터인가 지치고 힘들 때마다 그들의 노래를 들으며 용기를 얻었다. 시험을 망쳤을 때, 여자친구에게 차였을 때, 외로울 때, 일이 잘 안 풀릴 때…. 지금 생각해 보면 참 별거 아닌 사소한 일에도 말이다.

평생 자신의 힘으로만 용기를 얻는 것은 불가능하다. 삶의 중요한 순간마다 옆에서 힘을 실어 줄 친구가 있다면 더할 나위 좋겠지만, 그것을 바라는 것은 지나친 욕심이다. 다행히 나는 특정 노래의 선율을 통해 앞으로 계속 나아갈 힘을 얻었다. 그 힘은 나를 더욱 멀리 나아가도록 격려했고, 더욱 강하게 만들어 줬다. 그 선율들이 귓가에 울려 퍼지면 모든 것이 다 괜찮아졌다.

어렸을 때는 어른이 되면 힘든 일이 모두 사라질 줄 알았다. 하지만 어른이 되고 보니 온통 힘든 일투성이다.

사람이 잘나갈 때는 격려의 말들이 귀에 들어오지 않는다. 그러다가 외롭고 기분이 바닥을 치는 순간이 오면 그제야 그 한마디 말이, 그 노래의 선율이 가만히 떠오른다. 그 선율은 마치 하늘의 천사들처럼 우리에게는 최초의 그리고 최후의 천국이다.

#2

예전에 어떤 글에서 좋아하는 우상이 생기면 점점 그 사람과 닮아 간다고 쓴 적이 있다. 나에게 있어 우상을 좋아한다는 것은 그 사람을 마냥 쫓아다니는 것이 아니라, 그 사람이 가는 길을 따라 더 나은 내가 되겠다는 의미가 더 크다. 나는《월등하거나 열등하거나》에서 샤오시와 우웨텐을 덕질하던 이야기에 관해 썼다. 그때 우리가 쫓던 것은 스타의 모습이 아닌, 더 나은 우리 자신의 모습이었다.

나만 해도 처음 우웨텐의 콘서트를 보러 갔을 때는 100위안 남짓한 티켓도 겨우 샀었다. 그러다가 시간이 흐르면서 점점 더 비싼 티켓을 살 수 있게 되었다. 나와 그들 사이의 거리는 점점 가까워졌고, 이것은 나 자신의 수준을 더 높이 끌어올렸기에 가능한 일이었다. 다시 말하면 내 경제력이 점점 나아지고 있다는 의미이기도 했다.

얼마 전 《우리는 외롭게 성장한다(我們是孤獨成長)》를 탈고하고 나서 곧바로 담당 피디에게 원고를 보냈는데, 며칠 후 담당 피디인 샤오샤오에게서 메시지 한 통이 도착했다.

'샹룽 씨, 우웨톈의 멤버 아신의 중국 담당 매니저와 연락이 닿았는데, 당신이 열성팬이라는 걸 알아서 당신 책을 한 권 보내 줬어요. 어쩌면 이번에 아신과 협업을 기대해 봐도 좋을 것 같아요.'

흥분을 가라앉힐 수 없던 오후였다. 정말로 아신과 함께 작업을 할 수 있는 기회가 생길지는 모르겠지만, 만약 그런 일이 생긴다면 그보다 기쁜 일은 없을 것이다. 그 순간 나는 나의 우상과 한층 더 가까워진 느낌이었다.

예전에는 그들의 콘서트를 보는 것만으로도 가깝게 느껴졌는데, 이렇게 협업의 가능성이 생길 줄은 꿈에도 몰랐다.

나는 제자들에게 언제나 '꿈이 있어야 한다'고 말한다. 너무 젊어서부터 세상의 덧없음을 깨달을 필요도, 모든 것을 해탈한 사람처럼 이것도 저것도 상관없다는 식으로 살아갈 필요도 없다.

'나는 무엇이든 가능하고, 가장 좋은 것을 누릴 자격이 있다'고 자신에게 말해 줘야 한다.

한 남학생이 이렇게 말했다.

"제 여자친구가 되어 줬으면 하는 여학생이 두 명 있는데요, 사실 저는 A가 더 마음에 들지만 A는 여러모로 너무 뛰어난 사람이라 B를 선택할까 해요."

내가 되물었다.

"너는 최고를 누릴 자격이 없다고 생각하니?"

그 후 남학생은 결국 A를 선택했고, 얼마 전 두 사람은 결혼에 골인해서 행복하게 살고 있다.

젊었을 때는 꿈이 없다고 하더라도 최소한 자신의 삶이 더 나은 방향으로 나아가도록은 노력해야 한다. 인생은 단 한 번뿐이고, 이왕 사는 거라면 희망을 품고 살고, 또 최고로 살아야 하지 않겠는가!

#3

어둠이 찾아오면 더 이상 용기를 내어 앞으로 나아가기가 힘들고, 갑작스러운 위기가 닥친 것처럼 숨고만 싶어진다. 어떤 사람들은 조금만 어려움이 닥쳐도 금세 숨어 버리기도 한다. 하지만 문제는 숨어 버린다고 해서 어려움이 사라지는 건 아니라는 것이다.

창업하고서 지금까지 만난 수많은 사람들 중에는 힘든 일이 생기면 곧장 티베트나 리장처럼 먼 곳으로 떠나 버리는 사람들도 있었고, 작은 실패에도 좌절해서 집 안에 꽁꽁 숨어 있기만 하려는 사람들도 있었다. 하지만 아무리 힘든 순간에도 내일은 찾아온다. 신나는 음악을 듣거나, 좋아하는 책을 읽거나, 조깅을 하거나, 이를 악물고 버티다 보면 지나가기 마련이다. 기껏해야 술 진탕 마시고 깨고 나면 아무것도 아닌 일이 되기도 하고 말이다.

나이를 먹을수록 단순하게 사는 것이 더 어려워진다. 하지만 인생은 누구에게나 쉽지 않고, 힘들다고 해서 평생 울고 있을 수만은 없지 않은가. 웃어야 비로소 괴로움에서 벗어날 수 있다.

어렸을 때는 매미를 잡아 놓는다면, 여름이 지나가지 않게 붙잡을 수 있다고 생각했다. 하지만 어른이 되면서 세상의 모든 시계를 다 사들인다 해도 단 1초도 되돌릴 수 없다는 것을 깨닫고 말았다. 그러므로 지금 이 순간은 무엇보다 소중하다. 지금 이 순간은 내 모든 것이므로 더 많은 정성을 쏟아야 한다.

우웨텐의 〈연기처럼(如煙)〉이라는 곡에 이런 가사가 나온다.

> 그의 얼굴에 입을 맞추면 그와 영원히 함께할 수 있을 거라 생각했어요.

어른이 되면서 인생은 이별의 연속이고, 헤어짐의 순간에는 그 누구도 눈물을 감출 수 없다는 것을 깨달았다.

어렸을 때 처음 《손오공》을 읽고 나서 책상에 이렇게 써 놓았던 기억도 있다.

> 이왕 사는 거라면 희망을 품고 살고 싶다.

아직까지 마음속에 타오르는 불을 간직하고 있는 사람이 몇이나 될까? 적어도 내 안에 있는 불은 아직 꺼지지 않았다.

사실 나이가 적든 많든 누구나 마음속 깊은 곳에서는 여전히 불이 타오르고 있다. 그 불은 소년 시절 넘쳐흐르는 청춘의 숨결처럼 활활 타오르고 있다.

부디 모두가 그러기를.

이상적인 삶이란
무엇일까?

#1

누나가 둘째를 임신했다고 했다. 소식을 듣고 깜짝 놀란 것도 잠시, 가족들의 시선이 모두 나에게로 쏠렸다.

"너는 언제쯤 이런 소식 전해 줄래?"

이 글을 쓸 무렵에는 아직 아기의 성별도 모르고, 이름을 무엇이라 지을지도 모르는 상태였다. 만약 남자아이라면 첫째인 판투알의 옷과 장난감을 그대로 물려주면 되지만, 여자아이라면 모든 걸 새로 사야 하니 지출이 꽤 클 것이었다. 하지만 누가 태어나든 누나에게 걱정할 것 하나도 없다고 말했다. 이 훌륭한 삼촌이 뭐든 다 해 줄 테니까! 나는 필요하면 내가 아이들을 키워 줄 수도 있다고 했다. 그랬더니 가족들의 시선이 또 한 번 나에게로 쏠렸다.

"너도 네 아이를 낳을 생각을 해야지!"

부모님은 나도 누나처럼 가정을 꾸리고 아이를 갖기를 바라시지만, 나는 아직 그럴 생각이 없다. 스물두 살 때부터 나와 누나는 완전히 다른 길을 걷기 시작했다. 지금도 누나의 삶의 중심은 가정이고, 내 삶의 중심은 사업이다. 누나가 가족들이 즐거워하는 모습을 보며 행복을 느낀다면, 나는 사업의 성공을 통해 희열을 느낀다. 누나와 내가 함께 중학교에 다니던 시절에는 삼십 대가 된 우리가 이런 삶을 살고 있으리라고는 상상도 못 했다.

나는 아직 집도, 차도 사지 않았다. 내가 그것들을 소유할 수 있는 시간이 기껏해야 몇십 년밖에 되지 않는다는 걸 알기 때문이다. 운이 좋으면 백 살 넘게 살 수도 있겠지만, 그래 봤자 우리는 무한한 시간의 흐름 속에 잠시 머물다 가는 존재일 뿐이다. 만약 이 세상에 무언가 남기고 떠날 수 있다면 그보다 행복한 일은 없을 것이다. 내가 누군가의 소유물이 아닌 것처럼 그 어떤 사람이나 물건도 내가 온전히 소유할 수는 없다. 많은 것들을 무겁게 짙어지고 살기보다는 깃털처럼 가볍게 살고 싶다.

영화 〈쇼생크 탈출〉을 보면 '자유는 세상에서 가장 중요한 것이고, 자유가 없는 삶은 죽은 것이나 다름없다'고 말한다. 하지만 삼십 대의 나이에 접어들고 보니 문득 세상에 절대적인 자유는 없다는 생각이 들었다. 자유는 상대적인 것이고, 살면서 적극적으로 노력해서 누려야 한다는 것이다.

내가 살아가는 방식이 바람직하다거나 모범적이라고 말할 수 없지만, 최소한 지금 이 순간만큼은 그 어떤 아쉬움이나 후회가 없다. 물론 나중에 후회할는지 누가 알겠는가?

누나와 나는 전혀 다른 삶의 궤도 위에 있다. 누나는 스물네 살에 미국 유학을 마치고 돌아와 좋은 직장에 취직했다. 그리고 얼마 후 결혼해서 아이를 낳았고, 이제 둘째를 임신 중이다. 누나는 이른 아침 출근하고 저녁에 퇴근한 뒤 늦게까지 집안일을 한다. 또 집도 사고 차도 사며 직장과 가정 사이의 균형을 잘 유지하고 있다.

한 번은 누나와 함께 밥을 먹는데, 식사 도중 누나가 내게 이런 말을 했다. 나는 네가 왜 정착하지 않는지 도무지 이해할 수 없다고. 나는 국물을 마시며 아무 말 없이 누나를 쳐다봤다. 사실 내 눈빛에는 이런 의미가 담겨 있었다. 나도 왜 누나가 그렇게 빨리 정착했는지 이해할 수 없다고.

시간이 흐르면서 우리는 서서히 서로를 이해할 수 있게 되었다.

어느 날, 누나가 이렇게 말했다.

"너 그거 알아? 우리 집안에서 창업하고 부자가 되겠다고 도전한 사람은 네가 처음인 거. 부모님이야 평생 안정적인 울타리 안에 살고 계시지, 나도 행복한 가정을 꾸렸고. 너만 여태 열심히 싸우고 있어. 그래도 가끔은 네 삶이 부럽기도 해. 아무리 바빠도 건강 잘 챙겨라."

세상에, 누나가 나를 부러워할 줄이야!

사실 가끔은 나도 누나의 삶이 부러울 때가 있다. 물론 이런 얘기를 누나에게 직접 한 적은 없고 책에만 조용히 쓸 뿐이다. 어차피 누나는 내 책을 안 읽을 테니까.

삶은 이처럼 각자 자신이 선택한 방식대로 사는 것이다. 당신이 혐오하는 삶의 방식이 많은 사람들이 꿈꾸는 이상적인 삶의 방식일 수도 있다. 중요한 건 자신이 얼마나 만족하고 즐겁게 사느냐다. 세상에는 다양한 삶의 방식이 존재한다. 어떤 방식을 선택하든 스스로 후회하지 않는다면 누가 감히 당신의 선택이 틀렸다고 말할 수 있겠는가?

#2

이 글을 쓰고 있는 지금, 나는 추위로 꽁꽁 얼어붙은 하얼빈에 머무르고 있다. 2020년은 참으로 요란했고, 또 사람들의 일상이 완전히 뒤바뀐 한 해였다. 원래대로라면 4월에 이곳에서 사인회가 열릴 예정이었는데, 일정이 미루고 미루어져서 12월 말이 되어서야 오게 되었다. 그리고 지금, 하얼빈에는 기온이 영하 30도를 밑도는 매서운 추위가 이어지고 있다.

두꺼운 패딩 점퍼와 방한용 바지에 장갑, 목도리까지 단단히 두르고 서점에 도착해 보니 사람이 없어도 너무 없었다. 알고 보니 이미 많은 학교들이 문을 닫았고, 그나마 남아 있던 사람들도 대부분 추위를 피해 남쪽 지방으로 갔던 것이었다. 사인회에 온 사람들의 수는 정말 적었다. 잘난 척 같지만 이렇게 사람들이 적게 모인 사인회는 처음이었다.

내게는 그동안 수많은 사인회와 강연을 하면서 세운 한 가지 원칙이 있다. 그건 바로 사람이 많든 적든 준비한 모든 내용을 최

선을 다해 전달하고, 무엇보다 중요한 건 독자들의 질문에 성심
성의껏 대답을 하겠다는 것이었다.

이번에는 사람들이 적게 모인 덕분에 더 많은 독자들의 질문
에 답을 해 줄 수 있었다. 그날 마지막으로 질문한 사람은 한 남
학생이었는데, 그는 자리에서 일어날 때부터 이미 눈가가 촉촉
했다.

남학생이 이렇게 말했다.

"리샹룽 선생님! 저는 올해 스물네 살인데, 제 꿈은 선생님처
럼 되는 거예요!"

그는 이 말을 하고 끝내 눈물을 터트렸다.

그러자 현장에 있던 몇몇 사람들이 박수를 치기 시작했다. 그
런데 그 순간 덜컥 겁이 났다. 나는 장내가 조용해지기를 조금 기
다렸다가 이렇게 말했다.

"절대 저와 똑같이 되려고 하지 마세요. 당신은 당신 자신이
되어야 해요. 당신은 절대 제가 될 수 없어요. 제가 아무리 노력
해도 당신이 될 수 없는 것처럼 말이에요. 자신이 스스로 선택한
방향으로 자신만의 리듬을 따라가세요. 제 역할은 여러분들의
길 위에 빛을 밝혀 주는 것뿐이에요. 여러분이 저를 통해 무언가
를 깨닫고 얻었다면 저는 그것으로 만족합니다. 절대 저처럼 되
려고 하지 마세요. 부디 당신만의 길을 걸어가세요."

이번에는 모든 사람이 일어나서 박수를 쳤다.

나에게 가장 두려운 순간은 독자들이 내가 쓴 책을 읽거나 강연을 듣고 '당신처럼 되고 싶다'면서 찾아올 때다. 나도 한때는 다른 누군가처럼 되고 싶었던 적이 있었다. 하지만 겉으로 보이는 화려한 모습의 이면에는 누구에게나 말 못 할 고충이 숨어 있다는 것을 이제는 잘 안다.

미국의 작가 모건 스콧 펙은 《아직도 가야 할 길》에서 '사람은 살면서 누구나 고통을 겪으며, 그 누구도 예외일 수 없다'고 말했다. 다만 우리는 다른 사람의 고통을 보지 못하는 것뿐이다. 그러니 누군가처럼 되려고 애쓰지 마라. 어차피 그렇게 되지도 못하겠지만, 설령 된다고 해도 절대 그 사람의 행복만 누릴 수는 없다.

삶은 오직 자신의 것이며 다른 그 누구와도 무관하다.

#3

솔직히 말하면 나 역시 길을 잃고 막막할 때가 많다. 다른 누군가의 삶이 더 좋아 보이기도 하고, 그 사람처럼 되고 싶거나 그 사람이 가진 것을 갖고 싶을 때도 있다.

예전에 학생들을 가르칠 때는 저마다 특성이 너무나 다른 학생들 때문에 고민이 많았고, 책을 내고 유명해진 이후에는 인터넷에 올라온 악플들을 보며 마음이 많이 괴로웠다. 또 창업을 하고 나서는 복잡한 회사 운영과 관리 때문에 몸과 마음이 지칠 때가 많았다. 그러다가 한동안 심각한 우울증에 시달렸는데, 병원에 갔더니 의사가 처방전에 두 글자를 적어 주는 것이 아닌가.

'휴식'

그때 나는, 많은 것을 내려놓고 틈만 나면 누나네 집에 가서 밥을 얻어먹었다.

원래 사람이 마음이 약해졌을 때는 주변 사람들의 말 한마디 한마디가 세상의 진리처럼 느껴진다. 그때 내 상태가 딱 그랬다. 그래서 부모님의 '이제 너도 가정을 꾸리고 정착하면 좋겠다'는 말이 오랫동안 머릿속에 맴돌았다.

누나네 집에 갈 때마다 조카 판투알이 세상 귀여운 목소리로

"삼촌!" 하고 부르면 마음이 스르르 녹아내리는 것 같았다. 그때 나는 조카가 자라는 모습을 가까이서 지켜봤다. 겨우 단어 몇 개 말할 줄 알던 아기가 어느새 문장으로 말을 하더니, 언제인가부터는 '아니'라며 자신의 생각을 분명히 표현할 줄도 알게 되었다. 이런 모습을 지켜보면서 문득 나도 얼른 가정을 꾸리고 아이를 낳고 싶다는 생각이 들었다. 가능하면 아이를 여럿 낳고 작은 도시에 큰 집을 사서 가족들과 하루하루 평온하게 살고 싶었다.

하지만 이내 우울증이 호전되면서 내 삶을 다시 한번 제대로 바라보게 되었고, 그건 내가 원하는 삶이 아니라는 걸 깨달았다. 나는 일하는 것이 좋았고, 창업하는 것이 좋았다. 불확실성으로 가득 찬 삶이 좋았고, 어려운 일을 극복하며 느끼는 희열이 좋았다.

하루는 병원에 가서 우울증 회복 진단서를 받아 누나네 집으로 향했다. 기쁜 소식을 전하려던 찰나, 누나가 서재에서 정신없이 일하고 있는 모습이 보였다. 판투알은 거실에서 울고 있었다. 일단 울고 있는 판투알을 안았지만, 아이는 울음을 그칠 줄을 몰랐다. 그 순간 누나에게도 남모를 고충이 있다는 걸 깨달았다. 이러한 고충을 다른 사람들은 전혀 알지 못한다. 그저 혼자서 묵묵히 삼키고 있을 뿐.

우리는 늘 다른 누군가의 삶을 부러워하지만, 사실 우리 눈에 보이는 것은 그 삶의 일부일 뿐이다. 누군가의 삶의 방향을 따라갈 수는 있지만, 온전히 그 사람이 되는 것은 불가능하다. 사람은 저마다 살아가는 모습이 모두 다르기 때문이다. 세상에 수없이 많은 돌멩이와 나뭇잎들이 있지만, 어느 것 하나 완전히 똑같은 것은 없지 않은가. 사람도 마찬가지다.

얼마 전 인터넷에서 '여자는 왜 아이를 출산하고 나면 전혀 다른 사람이 되는가?'를 주제로 열띤 토론이 벌어졌다. 나는 댓글들을 천천히 모두 읽어 봤다. 그중에는 남편을 원망하는 사람도 있고, 시댁을 욕하는 사람도 있고, 부모에 대한 불만을 이야기하는 사람도 있었다. 그러다 문득 타이완에 갔을 때 읽었던 책 한 권이 떠올랐다. 책의 내용을 요약하면 '사람들은 모두 엄마가 되어 행복하다고 말할 뿐, 그 누구도 후회한다고 말하지 않는다'는 것이었다.

그 이후 누나의 생활을 조금 더 의식적으로 관찰해 봤다. 누나는 입덧으로 음식을 제대로 먹지 못해 힘들어했고, 조금만 걸어도 다리가 퉁퉁 부었으며, 밤에는 잠도 제대로 자지 못했다. 하지만 다른 사람들은 이 모든 것들을 알지 못한다. 나 역시 그랬으니까.

과연 눈에 보이는 것은 화려하지만, 그 뒤에는 이처럼 보이지 않는 여러 가지 어려움이 숨어 있다.

#4

레이 달리오의 《원칙》이라는 책에 이상적인 삶에 대한 자세한 묘사가 나와 있다. 달리오는 '무엇이 이상적인 삶인가'에 관한 문제를 스펙트럼으로 나타냈다. 스펙트럼 한쪽 끝에는 '성공'에 기반을 둔 삶이 있고, 다른 한쪽 끝에는 '현재'에 기반을 둔 삶이 있다. 전자가 앞으로의 성장과 영향력에서 삶의 의미를 찾는다면, 후자는 현재의 즐거움에서 삶의 의미를 찾는다. 대부분의 사람들은 이러한 스펙트럼의 양쪽 어딘가에 가까이 서 있다.

달리오가 브리지워터 어소시에이츠에서 했던 가장 중요한 일 중 하나는 사람들의 장점, 단점, 취미, 인생관에 관한 중요한 실험을 진행한 것이다. 달리오는 이 실험을 통해 '사람은 태어날 때부터 어떤 특정한 것에 의해 이끌리고 자극을 받는데, 이것은 쉽게 바뀌지 않는다'는 사실을 발견했다. 어떤 사람은 태어날 때부터 만족하고 안주하는 것을 좋아하는 반면, 또 어떤 사람은 태어날 때부터 모험과 도전을 좋아한다. 그러므로 이상적인 삶을 살기 위해서는 가장 먼저 자신이 스펙트럼의 어느 쪽에 가까운 사람인지, 자신의 본질적인 성향을 파악해야 한다. 다시 말해, 사람들은 저마다 꿈꾸는 이상적인 삶의 모습이 다르다. 그런데 안타깝게도 대부분의 사람들은 그저 다른 사람의 삶을 무작정 동경할 뿐이다.

나는 인터넷에서 쉽게 볼 수 있는 격언들을 별로 좋아하지 않는다. 예를 들어, '당신이 현재 가진 것이 가장 좋은 것이다'라는 말이 있다. 하지만 아무것도 하지 않고 얻는 것은 가난과 쇠락일 뿐이다. 이상적인 삶을 추구하는 것은 평생에 걸친 과업이다.

이상적인 삶을 추구하되, 다른 사람의 삶을 무작정 숭배하는 것은 무의미한 일이다. 가장 좋은 방법은 '절충점을 찾는 것'이다. 그 예로, 다른 사람의 인생관에서 배울 만한 점을 찾아 자신의 생각에 융합시킨다면 자신만의 인생을 살 수 있다.

나는 이제 우울증을 완전히 극복하고 인생의 새로운 균형을 찾았다. 이전에 균형을 잃고 방황한 이유는 일이 너무 많아서가 아니라, 일을 제대로 할 줄 몰랐기 때문이다. 물론, 서른이 넘은 이 시점에 여전히 다른 누군가의 삶이 부러울 때가 있다. 그러나 그렇다고 그 사람을 맹목적으로 따라 하지 않는다. 대신 그 사람에게 배울 점이 무엇이 있을까 생각한다.

한 번은 삼십 대 중반에 멋진 초콜릿 복근을 가진 남자를 만난 적이 있다. 나는 같은 남자로서 그가 부러워 비결을 알려 줄 수 없냐고 따라다녔고, 그는 내게 어떻게 단련해야 하는지 상세하게 알려 줬다. 하지만 나는 무작정 그 사람을 따라 하지는 않았다. 삼십 대에 그 사람처럼 멋진 초콜릿 복근을 만들고 또 유지하려면 얼마나 많은 시간을 투자해야 하는지 알았기 때문이다. 대신 일주일에 최소 세 번 헬스장에 가서 유산소와 근력 운동을 하고, 음주를 줄이며 단백질 섭취를 늘리는 등 그의 좋은 생활 습관을 배우기로 했다.

삶이란 이런 것이다. 아무도 당신의 삶을 대신 살아 줄 수 없다. 하지만 당신은 언제나 더 나은 삶을 살도록 선택할 수 있다. 이상적인 삶이란 없다. 다른 사람의 삶이 이상적으로 보이는 것처럼 당신의 삶도 누군가에게는 이상적인 삶이 될 수 있다.

새로운
시작

#1

서른 살이 되던 해, 한참을 고민한 끝에 카오충을 떠나 창업에 도전하기로 결심했다. 카오충은 이미 예전의 카오충이 아니었지만, 리샹룽은 여전히 리샹룽이었다.

우선 함께 동업하기로 한 친구 몇 명과 함께 사업 터전을 찾아 나섰다. 그리고 일여 년 만에 베이징 궈마오(國貿) 완다광장(萬達廣場)에 사무실을 구했다. 2020년의 어느 날, 리둥이 갑자기 여러 단어들을 내 앞에 나열하더니 하나를 고르라고 했다. 나는 영문도 모른 채 '페이츠(飛馳, '질주'의 의미-역주)'라는 단어를 골랐다.

그러자 리둥이 말했다.

"좋아. 그럼 내가 가서 등록하고 올게!"

그렇게 사흘 후, '페이츠'의 정식 상표 등록을 마쳤다.

리둥이 신이 나서 말했다.

"내가 '리샹룽'이라는 이름 석 자를 등록하고 왔어! 멋지지!"

요즘도 '페이츠 아카데미'라고 사무실에 적힌 간판을 보면 나도 모르게 눈시울이 붉어진다.

샤오샤오가 말했다.

"형, 정말 우리가 해냈어!"

페이츠 아카데미의 영업 첫날, 사무실에서 나와 높은 건물을 올려다보며 마음속으로 이렇게 생각했다.

'드디어 베이징에서 가장 번화한 이곳에 자리를 잡았구나.'

지금보다 더 젊었을 때, 나는 종종 귀마오에 즐비한 고층 건물들을 올려다보며 생각했다.

'꿈을 이루기 위해 베이징에 오는 사람들이 얼마나 많을까. 도전하고, 실패하고, 고향으로 갔다가 또다시 돌아오기도 하고…. 하지만 난 무슨 일이 있어도 이곳에 남아 특별한 일을 해내고 말 거야.'

다행히 창업을 했으니 망정이지, 사실 생각은 그렇게 했어도 내가 얼마나 오래 버틸 수 있었을지는 모를 일이다. 어쨌든 아직 내 열정은 식지 않았고, 나는 여전히 용감하게 앞으로 나가고 있다. 궈마오 빌딩에 꺼지지 않는 환한 불빛처럼 내 열정은 환하게 빛나고 있다!

#2

창업은 왠지 모르게 중독성이 있다.

2015년 나와 인옌, 스레이펑 세 사람이 카오충에 합류했다. 그때 내 나이는 스물다섯이었고, 우리는 뜨거운 청춘의 열정을 모두 일에 쏟아부었다. 매일 새벽부터 밤늦게까지 끼니도 거르고 쪽잠을 자면서 수업 준비를 하고 틈틈이 글도 썼다. 그때는 매일 몇 시간씩 수업을 하고도 저녁에 학생들에게 신나게 노래를 불러 줄 만큼 열정이 넘쳤다. 회사를 경영하면서도 글쓰기를 멈추지 않았다. 그런데 취미로 습관처럼 써 오던 글쓰기가 이렇게 큰 관심을 받을 줄은 몰랐다. 그때는 카오충이 본업이고 글쓰기가 부업인데 어째 본업보다 부업이 더 잘나가는 것 같다며 친구들에게 농담처럼 이야기하곤 했다.

그 시절 우리가 추구하던 목표는 단 하나였다.

'교육의 평등을 실현해 더 많은 학생이 더 좋은 수업을 들을 수 있도록 하는 것'.

그런데 곧 회사에 투자가 들어오기 시작했고, 얼마 지나지 않아 시리즈 D 투자까지 받을 정도로 회사는 성장해 나갔다. 투자가 들어오는 것이 나쁘다고 말하는 것이 아니다. 사실 투자는 좋은 일도 나쁜 일도 아니다. 어차피 사업은 수익을 얼마나 내느냐가 더 중요하기 때문이다. 어쨌든 이러한 돈의 유입은 모든 것을 바꿔 놓았다. 양질의 수업을 더 많은 사람들에게 전파하겠다는 열정은 '돈'의 가치관 앞에서 힘없이 무너졌다.

그때부터 우리는 정말 미친 듯이 수업만 했다. 영혼 없는 기계처럼 아무런 감정도 담기지 않은 수업을 매일 하고 또 했다. 수업료도 199위안부터 많게는 몇만 위안까지 치솟았다. 하지만 비용이 증가한 만큼 선생님들의 역량이 이를 따라가지 못하자 평판이 곤두박질치기 시작했고, 카오충을 떠나는 선생님들이 하나둘 생겨났다.

나 역시 3년 차부터는 수업을 거의 하지 않았다. 첫 번째 이유는 한 과목을 계속 가르치는 것에 의미를 찾지 못했기 때문이었다. 평생 한 가지 과목을 반복해서 가르치는 것은 자신의 성장에 도움이 되지 않을뿐더러 굉장히 위험한 일이라고 생각했다. 두 번째 이유는 수업에 대한 열정이 사라졌기 때문이었다.

나는 조용히 글쓰기에 전념했고, 다행히 글이 잘 풀리면서 좋은 결과가 있었다. 부업이 본업으로 바뀌면서 나는 함께 일하던 선생님들 가운데 가장 빨리 그리고 가장 멀리 가게 되었다.

하루는 스레이펑과 술 한잔하며 이런 이야기를 했다. 글을 쓰면서 아주 높은 곳까지 올라가 보기도 하고, 다양한 사람들을 만나고 다양한 세상을 경험했는데, 그러다 문득 고개를 돌려 함께 일하던 동료들을 바라보니 마음이 굉장히 아팠다고 말이다. 학생들을 가르치는 일밖에 할 줄 모르던 한 선생님은 마흔이 넘어 점점 설 자리를 잃고 구석으로 몰리다가 끝내 재기하지 못했다. 회사의 관리자들도 몇 년 동안 회사 일에만 바쁘게 몰두하다 보니 개인적인 능력의 향상이 전혀 없었고, 그러다 보니 어디를 가도 받아 주는 곳이 없어 새로운 직장을 구하는 데 애를 먹었다.

창업은 내게 목표 의식과 열정을 심어 줬다. 그리고 덕분에 내가 창업한 회사는 빠르게 성장할 수 있었다.

한 자리에 5년 이상 있으면서 스스로 변화를 꾀하지 않으면 당신이 그 업계 최고가 아닌 이상 더 이상의 발전을 기대할 수 없다. 그러므로 자신이 가는 길에서 더 멀리 가고 싶다면 변화를 추구해야 한다. 스스로 변화하려고 노력해야만 더 나은 미래가 찾아오고 더 많은 가능성이 열린다.

#3

나는 하룻밤 사이에 갑작스럽게 창업을 결정했다. 이십 대 때는 줄곧 선배들을 따라다니며 그들이 하는 일들을 보고 배웠다. 카오충 때는 회사를 창업할 때 필요한 절차와 회사의 규모를 늘려가는 법뿐만 아니라 다양한 비즈니스 논리들을 배울 수 있었고, 이러한 지식은 나의 소중한 자산이 되었다.

서른 살이 되었을 때, 드디어 용기를 내어 보기로 마음먹었다. 이제 나도 누군가에게 인생의 선배가 되어 주어야겠다는 생각 때문이었다. 선배들에게서 한계가 보이기 시작하고 더 이상 그들에게 물려받을 사회적 자원이 없다고 느끼는 건 내가 나이가 들었다는 의미다.

창업한다는 건 다른 사람 밑에서 일하는 것보다 훨씬 더 어려운 일이었다. 다른 사람 밑에서 일할 때는 창업한 사람들을 보면서 '왜 저것밖에 못 하지?'라고 생각했는데, 직접 창업을 하고 보니 모든 사람들이 위대해 보였다.

모르는 내용이 있으면 열심히 배웠다. 사람이 부족하면 직접 찾아 나섰고, 주식분배에 대해 잘 몰라 책을 보고 공부했다. 오죽 많이 찾아봤으면 한동안 틱톡에서 '주식분배의 모든 것' 같은 영상들이 추천으로 올라오기도 했다.

사실 나는 리더가 되는 것을 그리 좋아하지 않는다. 리더는 성공하면 할수록 의지할 수 있는 사람이 자기 자신밖에 없고, 모든 사람이 등을 돌리고 떠나가도 홀로 남아 이를 악물고 이야기를 끝내야 하는 외로운 존재이기 때문이다.

2020년 팬데믹 가운데 1년을 동료들과 쉼 없이 달린 끝에 드디어 회사 등록을 마쳤다. 우리는 1년 동안 사업에 대해 차근차근 배워 갔고, 도중에 여러 번 실수하기도 했다. 그렇게 1년이 지난 뒤, 나는 동료들에게 정식으로 파트너가 되어 달라고 부탁했다. 그렇게 2021년 3월에 페이츠 아카데미가 정식 설립되었다. 궈마오 완다광장에 자리를 잡은 페이츠 아카데미는 서서히 규모를 확장해 나가고 있으며, 직원들 수도 벌써 두 자릿수로 늘어났다.

카오충은 이미 예전의 카오충이 아니었지만, 리샹룽은 여전히 리샹룽이라고 말하지 않았던가! 나는 양질의 수업을 저렴한 가격에 보다 많은 사람들이 누릴 수 있기를 바란다. 그리고 이것이 야말로 교육의 평등이라고 생각한다.

나는 서른이 넘어 새롭게 출발했다. 창업 이후 오랫동안 느끼지 못했던 감정들이 되살아나기 시작했다.

나는 페이츠 아카데미가 더 크게 성장할 수 있도록 멈추지 않고 전진할 것이다. 그렇게 계속 앞으로 걸어가며 더 밝은 빛을 볼 수 있기를 희망한다.

더 나은 내가
되기 위한 이별

#1

벌써 며칠째인지 모르겠다. 날이 밝도록 밤새 글을 쓴 날들이.

하지만 어떤 사람들에게는 글쓰기가 숙명이다. 글을 쓰지 않으면 그들의 인생에 남는 것은 작별뿐이다.

나이가 들수록 이별은 점점 더 어려워지기만 한다. 어렸을 때는 '이별이란 더 좋은 만남을 위한 것'이라고 위로했다. 하지만 나이가 서른이 넘으니 이제 이별은 영원한 이별인 경우가 많아졌다.

얼마 전 친구 하나가 세상을 떠났다. 지난번에 만났을 때 웃으며 헤어졌는데, 그로부터 얼마 후 그는 수면제를 먹고 스스로 목숨을 끊었다. 지난번에 그가 다큐멘터리를 찍을 때 이틀 동안 함께 다닌 적이 있었다. 이틀째 되던 날 저녁, 그가 술을 잔뜩 마시고 말했다.

"이 다큐멘터리만 완성하면 내 인생의 임무도 끝이야. 이제는 죽어도 상관없어."

나는 웃으며 말했다.

"야, 네가 죽긴 왜 죽어! 뭐, 네가 죽는다면 화환은 근사한 걸로 보내 주마."

그런데 그때 그 농담이 현실이 될 줄 누가 알았겠는가. 사람은 이처럼 약하디약한 존재다. 때로는 제대로 된 작별 인사도 하지 못한 채, 시시한 농담을 던지던 그 모습을 마지막으로 영원한 이별을 맞이하기도 한다.

2020년 말, 친구 샤오바이를 공항에서 배웅했다. 그녀는 1년 전 영국으로 유학을 떠날 계획이었지만, 전 세계적인 팬데믹으로 인해 출국이 계속 미뤄졌다. 상황은 계속 좋아지지 않았지만, 그래도 그녀는 떠나기로 결심했다. 나는 영국의 상황이 여전히 심각한데 행여나 가서 무슨 일이라도 생기면 어쩌려고 그러냐고 물었다. 그러자 샤오바이는 자신의 미래가 걸린 일이라며 이를 악물고 말했다.

푸둥공항에는 진한 소독약 냄새가 퍼져 있었다. 나는 샤오바이가 체크인을 하고 짐을 부치는 것을 도와줬고, 우리는 보안검색대로 들어가는 게이트 앞에 서서 잠시 이야기를 나눴다. 공항에 와서 보니 이런 시국에도 샤오바이처럼 출국을 하려는 사람들이 정말 많았다.

이제 정말 샤오바이가 떠나야 하는 시간이 왔다. 우리는 헤어질 때 절대 울지 않기로 미리 약속했다. 그런데 보안검색대로 들어가는 줄이 고리 모양으로 빙글빙글 돌게 되어 있는 바람에 작별 인사를 하고도 세 번을 더 만나고 세 번을 더 헤어졌다. 마지막 만남에서 나는 끝내 눈물을 흘리고 말았다.

"잘 지내! 건강해야 해!"

나는 샤오바이가 떠난 후에도 한참을 출국장 앞에 서서 이별하는 사람들을 지켜봤다. 마지막 인사를 나누고 뒤돌아 떠나는 모습을 보고 있노라니 마음이 쉽게 진정되지 않았다.

아직도 기억나는 장면이 몇 있다. 떠나는 아들에게 손을 흔들며 힘차게 '화이팅!'이라고 외친 엄마는 돌아서자마자 뜨거운 눈물을 흘렸다. 마스크를 낀 채로 입맞춤을 하던 커플의 두 뺨도 눈물로 젖어 있었다.

그 순간 깨달았다. 인생에서 이별이란 '지극히 일상적인 일'이라는 걸 말이다. 인생의 시작은 떠들썩하고 북적였을지 모르나, 결국 사람은 혼자가 된다.

나는 《우리는 외롭게 성장한다》에 이렇게 썼다.

고독은 일상이고 만남은 잠시 주어지는 행복이다.

너무 많은 사람들이 만남의 시간을 소중하게 생각하지 않는다. 대부분 그 시간이 영원할 거라는 착각 때문일 것이다. 우리는 곁에 있는 사람의 소중함을 쉽게 잊고 지낸다. 그러다 어느 날 그 사람이 내 곁을 떠나가고, 잠깐의 헤어짐인 줄 알았던 이별이 영원한 이별이 되고 나서야 비로소 소중함을 깨닫는다.

#2

이십 대 때는 이별은 더 좋은 만남을 위한 것이라고 믿었다. 그 시절에는 언제나 미래에 대한 희망으로 가득 차 있었는데, 지금 생각해 보면 참 순진했다. 서른 살이 되고서야 깨달았다. 세상이 늘 따뜻하기만 한 것은 아니고, 이별은 더 좋은 만남을 위한 것이 아니라 더 나은 내가 되기 위한 것이라는 걸 말이다.

이별은 원한다고 해서 피할 수 있는 것이 아니다. 아무리 슬퍼하고 아쉬워해도 이별이 당신을 찾아와 '안녕' 하고 손을 흔들면 속수무책으로 당할 수밖에 없다.

한 해가 가는 것을 아무리 아쉬워해도 때가 되면 해가 넘어가고, 오늘 하루를 영원히 붙잡고 있고 싶어도 내일이 찾아오는 것처럼 말이다.

이별을 피할 수 없다면 어떻게 해야 할까? 진부한 대답인 줄 알지만, 방법은 단 한 가지다.

'지금 이 순간을 소중히 여기고 기록하는 것'.

2020년 초, 전례 없는 팬데믹으로 인해 모든 사람들이 집에 갇힌 신세가 되었다. '14일'은 중요한 지표가 되었고, 마스크는 생활필수품으로 자리 잡았다. 사람들은 격리되었고, 전염병의 직격탄을 받은 회사들은 최악의 위기 상황에 놓였다. 그 무렵, 어렸을 때부터 알고 지내던 누나가 우한에서 코로나19 확진을 받았고, 주변 사람들은 곧바로 격리되었다. 게다가 누나의 할아버지는 격리된 지 이틀 만에 확진되었다. 그리고 그로부터 며칠 후 세상을 떠났다.

나중에 우한의 상황이 좋아진 뒤에 우한에서 누나를 만나 함께 식사했는데, 그때 누나가 했던 말을 잊을 수가 없다.

"정말 받아들이기 힘든 사실은 가장 사랑하는 사람과도 언젠가 작별해야 하는 순간이 온다는 거야."

누나는 이 말을 하면서 울먹거렸다. 나는 이별을 막을 수 있는 사람은 아무도 없다며 누나를 위로했다.

누나는 눈물을 닦으며 말했다.

"그래, 그러니까 지금 이 순간을 소중히 여기자!"

그러고는 애써 미소를 지어 보였다.

#3

2020년, 온 세상이 잠시 멈춰 버렸다. 눈에 보이지 않는 작은 바이러스가 거대한 세상의 발목을 잡은 것이다.

나는 이런 시기일수록 의기소침해지면 안 되겠다는 생각에 계획을 철저히 세웠다. 매일 아침 일찍 일어나 책을 읽고, 오후가 되면 마스크를 쓰고 집 앞에 나가 러닝을 했다. 그리고 저녁에는 술을 한잔하며 컴퓨터 앞에 앉아 글을 썼다. 나는 이처럼 하루를 최대한 충실하게 그리고 규칙적으로 보내려고 노력했다.

그때는 온라인에서만 잠깐 대화를 나눌 뿐 친구들을 아무도 만날 수 없어 정말 외로웠다. 그러다가 문득 이런 생각이 들었다.

'내가 읽는 책들을 여럿이 같이 읽을 수 있는 방법은 없을까?'

그래서 독서 모임을 만들게 되었고, 이 모임은 일 년 넘게 지속되고 있다.

지난 일 년 동안 모임 회원들과 80여 권의 책을 함께 읽었다. 혼자 읽었다면 다 못 읽었을 텐데 독서 모임 덕분에 읽은 것들도 많다.

그때는 누군가와 대화를 나누고 싶은 마음이 간절했고, 그럴 때마다 무작정 컴퓨터 앞에 앉아 글을 썼다. 그렇게 날이 밝을 때까지 글을 쓰는 날들이 많았다. 그 결과 지난 일 년 동안 세 권의 책을 출간하고 나만의 회사를 세울 수 있었다.

그리고 무엇보다 건강의 중요성을 깊이 깨달았다. 그래서 매일 러닝을 하는 습관을 들였고, 그렇게 일 년을 꾸준히 뛴 결과 10kg을 감량할 수 있었다.

오랜만에 만난 친구가 이렇게 말했다. 못 본 사이에 엄청 대단한 사람이 되었다고.

나는 삶이 녹록하지 않다는 걸, 그리고 인생이 늘 이별의 순간들로 가득 차 있다는 걸 알기에 지금 이 순간을 더욱 소중하게 여기고 매일 매일을 열심히 살았을 뿐이다.

#4

우리는 사람뿐만 아니라 장소와도 이별한다.

나는 시간을 허투루 쓰는 걸 싫어하는 사람이다. 그래서 매일 철저히 계획을 세우고, 어떻게 해서든 시간을 아껴 더 많은 일을 하려고 노력한다.

2011년, 사관학교를 그만두고 처음 베이징으로 왔을 때 세 평 남짓한 원룸에 살았다. 낡고 오래된 방이라 바퀴벌레가 여기저기서 튀어나왔고, 아침에 일어나면 몸에 알 수 없는 붉은 반점들이 올라와 있었다. 나는 얼른 돈을 벌어 이곳에서 벗어나야겠다고 결심했다.

나중에 돈을 조금 벌고 나서 생활 여건이 좀 더 좋은 차오양구로 이사를 갔다. 하이덴구를 떠나던 날, 그동안 내가 살던 곳을 가만히 바라보다가 갑자기 눈물이 났다. 나는 알았다. 그 순간 나는 내 청춘과 작별 인사를 하고 있었다는 것을.

나는 차오양구에 금방 적응했다. 사치스럽게 살다가 검소하게 사는 건 어려워도 검소하게 살다가 사치에 적응하는 건 쉬웠다.

슈앙징으로 이사 갔을 때는 이제 제법 그럴듯한 집에 살게 되었다. 나는 그곳에서 2020년 말까지 3년을 살았다. 어느 날 윗집에 어린아이가 이사를 왔는데, 층간소음 때문에 매일 밤잠을 설치다가 결국 다시 한번 이사를 가기로 결정했다.

이삿짐을 싸면서 그동안 샀던 물건들을 하나하나 천천히 들여다봤다. 그동안 읽었던 책들, 그동안 입었던 옷들을 보면서 현재와 과거 그리고 미래를 오고 갔다. 더 이상 열어 보지 않는 이 책들처럼 더 이상 연락이 닿지 않는 친구들, 더 이상 찾지 않는 장소들이 얼마나 많은가.

올해 초, 나는 십 년 넘게 알고 지낸 친구와 절교했다. 그렇지만 별로 슬프지는 않았다. 어차피 모두가 나와 같은 길을 갈 수 없다는 걸 알기 때문이다. 그 친구는 자기만의 길이 있고, 나는 나만의 길이 있다. 그러다가 문득 내가 왜 이렇게 아무렇지도 않을 수 있을까 생각했다. 솔직히 내가 아무렇지도 않을 수 있었던 이유는 내 옆에 더 훌륭한 친구들이 생겼기 때문이다. 그 친구들과 함께하면서 나는 점점 더 나은 사람으로 거듭날 수 있었다.

예를 들면 전 남친과 헤어지고 우옌주(吳彥祖, 홍콩 배우-역주)를 만난 격이랄까? 게다가 그 사람이 나를 너무나 사랑해 준다면 전 남친 때문에 마음이 아플 틈이나 있을까?

그러니 과거에 연연할 필요도, 이별을 두려워할 필요도 없다.

3년 동안 살았던 슈앙징 집을 떠날 때는 뒤를 돌아보지도, 눈물을 흘리지도 않았다. 모든 이별은 더 나은 내가 되기 위한 과정이라는 걸 알기에.

사실 내가 아무리 부지런히 움직이고 노력해도 시간을 따라잡을 수 없다는 걸 안다. 어떻게 내가 시간을 이기겠는가?

내가 할 수 있는 일은 흘러가 버린 시간이 헛되지 않도록 날마다 더 나은 내가 되는 것뿐이다. 반드시 이별을 해야 한다면 어제의 부족했던 내 모습과 작별하자.

더욱 높은 곳에서
서로 만날 수 있기를

#1

　나는 우한 사람이다. 우한은 코로나19가 가장 먼저 확산된 지역이다. 어렴풋이 기억하기로는 2020년 새해를 맞이할 때까지만 해도 우한 사람 몇 명이 알 수 없는 전염병에 걸렸다는 소식만 들릴 뿐 확실한 건 아무것도 없었다.

　2020년 새해는 조카 판투알이 아직 어려 우한으로 장거리 여행이 힘들기 때문에 부모님이 베이징으로 오셔서 함께 시간을 보내기로 했다. 그런데 아버지가 돌연 일정을 취소하셨다. 아버지는 누나에게 전화를 걸어 우한에 전염병 상황이 심각해지고 있는 것 같으니 베이징으로 가지 않고 우한에 남겠다고 말씀하셨다.

아버지는 평생을 군인으로 사셨는데, 아버지가 한 번 결정한 일은 그 누구도 바꾸지 못했다. 어머니가 직접 나서지 않으면 모를까. 누나와 나는 그런 아버지 성격을 알기에 아버지가 결정하신 일에는 더 이상 토를 달지 않았다. 아버지의 결정을 바꾸는 유일한 방법은 어머니가 나서서 아버지를 설득하고 또 설득하는 것뿐이었다. 어머니는 워낙 나를 아끼기 때문에 내 말이라면 잘 들어 주시는 편이었다.

아버지가 우한에 남으시겠다고 결정하신 날 밤, 누나가 메시지를 보냈다.

"샹룽, 네가 아버지를 좀 설득해 봐. 지금 우한은 너무 위험해."

내가 말했다.

"누나도 못 하는 걸 내가 어떻게 해?"

그러자 누나가 이렇게 말했다.

"너라면 무슨 방도가 있을 거야."

그날 나는 친구와 술을 마시고 있었는데, 술을 잔뜩 마시고는 아버지께 전화를 걸었다. 지금 생각해 보면 술을 그렇게 많이 마시지 않았다면 감히 아버지와 전화로 싸울 엄두도 내지 못했을 것이다.

그날 아버지와 실랑이를 벌이다가 마음이 급해져 이렇게 말했다.

"베이징으로 오신다면 제가 일등석 표를 끊어 드릴게요."

아버지가 말씀하셨다.

"됐다. 그 정도 돈은 나도 있다."

그렇게 한참 실랑이를 벌이고 있는데 어머니가 오셨다. 나는 당연히 어머니가 내 편에 서 주실 거라 생각했는데, 어머니 역시 베이징에 가지 않는 편이 나을 것 같다고 말씀하시는 것이 아닌가.

나는 어머니께 물었다.

"오늘은 왜 제 편을 들어 주지 않으시는 거예요? 대체 안 오시겠다는 이유가 뭐예요?"

어머니가 한숨을 쉬며 말씀하셨다.

"우리가 다 가 버리면 거북이들은 누가 돌보니? 너도 알잖아. 우리 집 거북이들은 네 동생들이나 마찬가지라는 걸."

어머니는 내가 집에 갈 때마다 키우시는 거북이 두 마리를 데려와서 말씀하셨다.

"자, 형이라고 불러 봐."

누가 누구한테 형이라고 불러야 할지….

어쨌든 그날 어디에서 그런 용기가 나왔는지 전화기에 대고 처음으로 부모님께 고래고래 소리를 질렀다. 아마도 술의 위력이 대단했던 것 같다. 두 분은 그런 내 모습에 깜짝 놀라셨는지, 아니면 내가 화병이 나서 쓰러지기라도 할까 봐 걱정이 되셨는지 그다음 날 바로 베이징으로 오셨다.

아버지는 다음 날 기차에 타고 나서도 전화로 베이징에 가고 싶지 않다고 투덜거리셨다.

내가 말했다.

"그냥 오세요. 우한이 봉쇄라도 되면 어쩌려고 그러세요?"

아버지가 말씀하셨다.

"우한은 아홉 개 성으로 통하는 교통의 요충지야. 이렇게 중요한 도시를 봉쇄한다는 게 말이 되니?"

누나와 나는 일찌감치 역에 나와 기다리고 있었다. 부모님이 도착하신 뒤 함께 집으로 가는 길에 라디오에서 우한이 봉쇄되었다는 소식이 전해졌다.

그렇게 해서 나는 부모님과 반년을 함께 지내게 되었다. 고등학교를 졸업하고 이렇게 오랜 시간을 붙어 있었던 적이 없었다.

부모님이 계시는 동안 누나의 서른 번째 생일을 함께 축하해 주기도 했다.

#2

아버지는 우한 봉쇄가 해제되자마자 곧장 우한으로 돌아가셨다. 그런데 아버지가 우한으로 돌아가시자마자 이번에는 베이징에 확진자 수가 폭증하면서 어머니는 베이징에 발이 묶이고 말았다.

우울해하고 계시는 어머니에게 아버지가 좋은 소식을 하나 전해 왔다.

"당신 거북이는 잘 살아 있으니 걱정 말아요."

세상에, 반년 동안 먹이를 주지 않았는데 아직 살아 있다니! 생명력이 정말 대단한 녀석들이었다. 다만 어항 속에 있던 물고기들은 거북이한테 다 잡아먹히고 없었다. 나는 다시 한번 생명의 강인함을 깨닫게 되었다. 사람의 생명도, 동물의 생명도 생각보다 참으로 강인하다.

원래 우리 집 거북이들은 거북이 사료를 먹지 물고기를 잡아먹지 않는다. 그런데 전염병으로 인해 사람들이 떠나고 아무도 먹이를 주지 않자 어떻게든 자신이 살 방법을 생각해 낸 것이다. 그런데 왜 거북이는 살고 물고기들은 전부 죽게 된 걸까?

그 이유는 다양한 생존환경에 적응할 수 있는 종의 생명력이 더 강하기 때문이다. 적응력이 떨어지는 종들은 극단적인 상황이 닥쳤을 때 쉽게 멸종해 버린다. 거북이와 물고기의 관계에서 볼 수 있듯이 말이다.

#3

푸둥공항에 친구의 유학길을 배웅하러 갔을 때 한 커플이 입을 맞추며 이별하는 장면을 본 적이 있다. 여자친구는 영국으로 유학을 떠나고 남자친구는 상하이에 남기로 한 모양이었다. 두 사람은 보안검색대 앞에서 한참 동안 이야기를 나누다가 정말로 떠나야 할 시간이 되자 둘이 꼭 끌어안고 눈물을 흘렸다.

그 모습이 더 애틋했던 이유는 두 사람 모두 끝까지 마스크를 벗지 않았기 때문이었다.

팬데믹은 많은 것을 바꾸어 놓았다. 하지만 설령 팬데믹이 많은 것을 바꾸어 놓았다고 해도 여전히 변하지 않은 것들이 있다. 바로 두 사람이 서로를 사랑하는 마음, 이별의 아픔, 과거의 추억과 미래에 대한 희망 같은 것들이다. 이러한 것들은 아무리 심각한 상황에서도 쉽게 변하지 않는다.

마찬가지로 개인의 능력이나 세상을 바라보는 시각과 태도 그리고 성공에 대한 열망 등도 쉽게 변하지 않는 것들이다.

며칠 전 한 피디가 팬데믹 때문에 계획했던 프로그램이 몇 개나 연기되는 바람에 손해가 막심하다고 불만을 토로했다. 그녀는 이 말을 하고 큰 한숨을 내쉬며 이렇게 말했다.

"에휴, 이게 다 팬데믹 때문이에요. 시기가 너무 안 좋네요."

하지만 재미있는 사실은 내가 그 피디를 몇 년 전부터 알았는데 그때도 그렇게 잘나가는 편은 아니었다는 것이다. 팬데믹 이전에 맡았던 작품들도 대부분 그냥 그런 수준이었는데, 개중에 운 좋게 얻어걸린 것들이 있어서 돈을 조금 벌었을 뿐이다. 그녀를 보면서 새삼 모든 실패의 원인을 팬데믹의 탓으로만 돌려서는 안 되겠다는 생각이 들었다.

사람들은 무슨 일이 생겼을 때 환경을 탓한다. 그런데 이런 생각은 해 본 적 없는가? 왜 내가 가는 곳마다 시기나 환경이 좋지 않은 걸까? 나는 이 환경을 바꿀 만한 능력이 있는가?

팬데믹으로 인해 분명 많은 사회적 변화가 일어나고 있고, 앞으로도 그러할 것이다. 실업률 상승, 사회적 격차의 증가, 일상의 온라인 대체 등 말이다.

다만 꼭 하고 싶은 이야기가 한 가지 있다.

2020년 5월, 베이징의 코로나19 상황은 매우 심각했고, 많은 사람들이 여전히 집 안에서 감히 나올 엄두를 못 내고 있었다. 그런데 이러한 시기에 부득이 협력업체 사람들을 접대할 일이 생겨 급히 베이징의 한 고급 레스토랑을 알아봤다. 나는 시국이 시국인지라 당연히 레스토랑에 사람이 별로 없을 줄 알고 당일에 예약하고 가면 되겠지 하고 생각했다.

사실 당일까지도 이런 시국에 약속을 잡아도 되는 것인지 마음이 편치 않았다. 그런데 예약을 하려고 레스토랑에 전화했더니 이미 이번 주 예약이 모두 마감되었다고 하는 게 아닌가! 나는 그제야 깨달았다. 이미 돈 많은 사업가들은 부지런히 움직이고 있다는 것을! 그들은 일찌감치 모임을 재개하고 아이디어를 서로 나누며 돈을 벌고 있었다. 대부분의 사람들이 아무것도 하지 않고 집에만 머무르고 있을 때 말이다.

사람들은 대개 다수의 추세를 보고 따른다. 그런데 우리 각자는 유일무이한 특별한 존재고, 우리에겐 자신의 운명을 스스로 개척해 나갈 수 있는 능력이 있다.

2020년, 누구도 예측하지 못한 팬데믹으로 인해 사회 전반적인 환경이 좋지 않았던 것은 사실이다. 하지만 전반적인 환경이란 다수의 추세일 뿐 꼭 당신의 이야기여야 하는 것은 아니다. 주변 환경이 어떻든 당신은 언제나 자신이 원하는 모습으로 살아갈 수 있다.

꽤 오래전부터 인터넷상에서는 '중국의 사회계층 간 이동이 점점 경직되고 있지 않은가' 하는 문제로 활발한 논쟁이 벌어지고 있다. 사실 사회계층의 경직보다 두려운 건 지식 수준의 경직인데 말이다. 어쨌든 이러한 논리로 보면 당신은 어떤 고정된 사회계층의 일원일 뿐이라는 생각이 든다. 그러나 설령 사회계층이 경직되어 있다고 하더라도 당신이라는 개인은 언제나 활발히 살아 움직이는 존재다. 당신은 원하는 곳 어디로든 갈 수 있고, 이루고 싶은 모든 것을 이룰 수 있는 가능성이 있다.

팬데믹으로 인해 경제 상황이 악화된 것은 사실이다. 하지만 어쩌면 앞으로 다가올 미래와 비교했을 때 지금이 최고의 한 해일 수도 있다. 그러나 상황이 이런들 저런들 당신과 무슨 상관인가? 당신은 '어떠한 상황에서도 살아남는 거북이가 될 것인가, 아니면 거북이에게 잡아먹히는 물고기가 될 것인가'를 결정하기만 하면 된다.

포스트 팬데믹 시대에 당신이 할 일은 두 가지다. 첫 번째는 어떠한 상황에서든 누가 뭐라고 하든 자신의 목표에 집중하는 것이고, 두 번째는 취약함에 저항하는 능력을 키우는 것이다.

2020년 초, 모든 모임과 행사들이 줄줄이 취소되자 이제 내 커리어도 끝이라고 생각한 사람들이 많았다. 하지만 나는 변화에 적응하기 위해 발 빠르게 움직였다. 일단 모든 수업을 온라인으로 전환했고, 비록 사인회 같은 행사는 열지 못했지만 대신 마음을 가라앉히고 글쓰기에 전념했다. 이것이 바로 취약함에 저항하는 능력이다. 사람이 취약함에 너무 쉽게 무너지면 안 된다. 다리 한 쪽이 없다고 자포자기해서 길바닥에 드러누워 있을 수만은 없다는 얘기다.

젊을 때일수록 다양한 길을 찾아보고 여러 가지 선택을 해 보기를 바란다. 그렇게 해야만 어느 날 갑자기 다리 한쪽이 없어져도 계속 살아갈 방법을 찾을 수 있게 된다.

다시 내 이야기로 돌아와 보면 나는 현재 글쓰기, 드라마, 강의 등 동시에 여러 분야에서 일을 하고 있으며 각각의 분야에서 충분한 수입을 얻고 있다. 그래서 만약 어느 날 이들 중 하나의 직업을 잃게 된다고 해도 다른 가능성이 열려 있다.

2020년은 결코 평범하지 않은 한 해였다. 하지만 생각해 보면 평범했던 해가 있었던가?

매일 매일은 특별하다. 그러니 나풀나풀 춤을 추듯 살아야 한다. 세상이 아무리 엉망이어도 나는 내 삶을 원하는 방식으로 살 수 있는 자유로운 존재다. 나는 2020년 한 해에 꽤 많은 성과를 거뒀다.

2020년, 《서른, 모든 것은 이제부터 시작이다(三十歲, 一切剛剛開始)》, 《우리는 외롭게 성장한다(我們總是孤獨成長)》, 《1시간에 끝내는 대화의 기술(一小時就懂的溝通課)》등 세 권의 책을 출간했다.

2020년, 독서 모임을 만들었고 아직도 계속 이어나가고 있다.

2020년, 나의 형제 같은 친구 스레이펑 선생의 책 《영원히 발걸음을 멈추지 마라(永遠不要停下前進的腳步)》의 출간을 도왔다.

2020년, 나의 소설을 바탕으로 만들어진 드라마 〈가시(刺)〉가 방영되었다.

2020년, 카오충에 세 개의 강의를 올렸다.

2020년, 몸무게 10kg을 감량했다.

2020년, 문학계에 입문한 지 5년이 되었다.

그리고 2020년에 나는 서른이 되었다.

나는 여전히 길 위에 서 있고, 앞으로도 책을 읽고 생각하고 글을 쓰며 이 길을 계속 걸어갈 것이다. 나의 성장 과정을 지켜봐 준 모든 이들에게 감사의 마음을 전한다. 곧 시작될 한 해에는 더욱 높은 곳에서 서로 만날 수 있기를.

미래에 대한
기대

어떤 순간이 오면 사람들은 다가올 미래에 대한 기대를 한다. 예를 들면 해가 바뀔 때나 생일, 아니면 한 달이 시작될 때 말이다. 나 역시 늘 이러한 기대를 품고 산다. 그리고 매일 내가 기대하는 방향으로 열심히 전진하고 있다. 나의 이러한 노력이 당신에게도 영감을 줄 수 있기를 바란다.

#1

하기로 결심한 일은 반드시 결과가 있어야 한다

매년 초 내가 가르치는 학생들 중 상당수가 대학원 진학을 결심한다. 그런데 연말에 대학원 입학시험을 보러 들어간 학생들 중 절반은 시험을 다 끝내지도 않고 시험장을 빠져나온다. 그리고 심지어 몇 명은 기껏 일 년 동안 열심히 준비해 놓고 시험장에 아예 들어가지도 않고 포기해 버리기도 한다. 이유를 물어보니 '어차피 떨어질 게 분명한데 시도는 해서 뭐하냐, 내년에 다시 도전하겠다'는 대답이 대부분이었다.

연초에 대단한 결심을 하지만 연말이 될 때까지 아무런 결과도 내지 못하는 사람들이 많다. 말한 것은 실행하고, 실행하면 반드시 결과를 내는 것은 아주 좋은 습관이다. 여기에서 결과란 꼭 좋은 결과만 의미하는 것은 아니다. 반드시 성공할 필요는 없지만 실행한 것에 내한 설명은 있어야 한다. 일 년 동안 어떠한 사람이 되어야겠다고 결심했다면 설령 그런 사람이 되지 못했더라도 연말이 되면 한 해를 꼼꼼히 되돌아보고 내년을 준비하는 시간을 가져야 한다.

대학원 입학, 책 30권 읽기, 매일 5km씩 뛰기, 연봉 두 배로 올리기 등 연초에 결심한 일이 있다면 목표를 이루기 위해 최선을 다해 노력해야 한다.

목표한 바를 향해 후회 없이 달려 보라. 설령 실패하더라도 최선을 다했다면 그것으로 충분하다.

#2
의미 없는 인간관계와 모임을 줄여라

아주 오랫동안 의미 없는 인간관계에 연연했던 적이 있다. 그때는 누가 부르기만 하면 무조건 나갔고, 인사불성이 되도록 술을 마시는 날도 많았다. 그런데 그런 다음 날이면 늘 후회가 되었다.

예전에는 초대받은 모임에 가지 않으면 그 사람을 존중하지 않는다고 오해할까 봐 혹은 그 사람이 나를 싫어할까 봐 두려웠다. 하지만 예전에 말한 적이 있듯이, 비즈니스 세계에서는 등가교환이 이루어져야만 등가의 감정을 가질 수 있다. 인맥이란 '내가 얼마나 많은 사람들을 알고 있느냐'가 아니라 '얼마나 많은 사람들이 나를 알고 있느냐'에 따라 결정된다.

누군가 당신을 존중한다면 그건 당신이 그 사람의 비위를 맞추려고 애썼기 때문이 아니라 당신이 존중받을 만한 사람이기 때문이다.

누군가 당신을 좋아한다면 그건 당신이 구차하게 웃어 줬기 때문이 아니라 당신에게서 빛이 나기 때문이다.

부디 새로운 한 해에는 어떤 모임에 참여하기 전에 스스로의 가치를 더욱 높여서 더 좋은 사람들과 함께 할 수 있기를 바란다. 술자리에 쫓아다니고, 웃음을 팔고, 아부하는 아웃사이더가 되지 않기를.

#3
감정 기복에 주의하라

감정 처리는 모든 사람들이 어려움을 겪는 문제다. 분노하고, 걱정하고, 망상에 빠지고…. 우리는 때때로 감정의 지배를 받고 감정의 늪에서 빠져나오지 못하기도 한다. 늘 감정에 휘둘리는 사람은 큰일을 하지 못한다.

사실 분노를 조절하는 방법은 간단하다. 분노가 치밀어 오를 때 속으로 셋까지 세면서 화를 가라앉히는 것이다. 그러면 금세 부정적인 감정에서 벗어날 수 있다.

불안을 다스리는 방법도 간단하다. 지금 자신을 불안하게 만드는 일이 무엇인지 파악해서 당장 그 일을 시작하는 것이다. 일단 첫걸음을 떼고 나면 불안과 걱정이 크게 줄어든다.

기분이 좋지 않을 때 조깅, 등산, 수영 등 유산소 운동을 하면 도파민 분비가 촉진되어 기분전환에 도움이 된다.

새로운 한 해에는 감정에 휘둘리지 않는 삶을 살 수 있기를 바란다. 부정적인 감정이 차오를 때 다른 사람에게 감정을 해소하지 말고 스스로 소화할 수 있어야 한다. 그리고 자신의 감정을 추스른 다음 다른 사람에게는 좋은 감정만 갖고 대해야 한다.

#4
청결을 유지하고 다이어트로 외모를 가꿔라

나는 2020년에 몸무게 10kg을 감량했다. 원래는 배가 불룩했는데 이제는 군살을 전혀 찾아볼 수 없다. 사람들이 내게 다이어트를 하게 된 계기를 물을 때마다 나는 '잘생겨지고 싶어서'라고 대답했다.

내가 잘생겨지고 싶은 이유는 매일 즐거운 마음으로 살고 싶기 때문이다. 물론 날씬해진다고 해서 얼굴까지 잘생겨지는 것은 아니다. 나 역시 몸은 말랐지만, 얼굴은 여전히 못생겼다. 그래도 최소한 올해 건강검진 때는 작년까지만 해도 있었던 지방간 소견이 보이지 않았다.

매일 즐거운 마음으로 건강하게 살 수만 있다면 뚱뚱하든 말랐든 몸매는 상관없다. 그런데 건강하다는 전제하에 외모를 조금 더 신경 써서 가꾼다면 기분이 훨씬 좋아질 것이다.

외모를 가꿀 때 정말 중요한 팁이 하나 있는데, 그건 바로 머리를 자주 감아서 청결을 유지하는 것이다. 이 작은 습관만으로도 외모가 훨씬 잘생겨 보일 수 있으니 꼭 실천해 보기를 바란다.

#5
독서량을 늘리고 기회가 된다면 여행을 떠나라

'독서'를 통해 사고력을 확장하고 시야를 넓히는 것을 추천한다. 그러니 새로운 한 해에는 독서량을 늘려 보자.

한 달에 최소한 책 한 권을 읽겠다고 다짐하고 어떤 책을 읽을지 신중하게 고른다. 시간이 없을 때는 오디오북을 듣는 것도 좋은 방법이다.

일 년에 책을 수십 권 읽는 사람과 일 년에 책을 단 한 권도 안 읽는 사람은 당장 아무런 차이가 없어 보이지만, 일 년만 지나도 차이가 확연히 드러나기 시작한다. 나는 일 년에 책을 수십 권 읽는데 남자친구(혹은 여자친구)는 일 년에 책을 단 한 권도 읽지 않는다면 일 년 뒤에 누가 누구를 차 버리겠는가?

물론 책은 남에게 잘난 척하기 위해 읽는 것이 아니다. 책을 읽는 이유는 오로지 정신적인 세계로 향하는 길을 찾기 위함이다.

독서 외에 시야를 넓힐 수 있는 또 다른 방법은 바로 '여행'이다. 마음껏 여행을 다닐 수 있는 상황이 온다면, 여행을 떠나기를 바란다.

#6
자기 자신에게 더욱 관대하라

친구 중에 소아마비를 앓아 목발을 짚고 다니는 친구가 있다. 그 친구는 어려서는 자신을 이렇게 낳은 부모님을 원망하더니, 어른이 되어 부모님이 모두 세상을 떠나고 나자 스스로를 원망하기 시작했다. 그런데 계속 그렇게 스스로를 원망하고 있으니 무슨 일을 해도 잘되지 않았다.

그러던 어느 날, 그는 자신의 일기에 이렇게 썼다.

내가 온전하지 않다고 해서 더 이상 스스로를 원망하지 않을 것이다. 어차피 세상에 완벽한 사람은 없다.

이렇게 쓰고 나자 마음이 한결 가벼워졌다. 그는 내게 그 순간 자기 자신과 화해한 것 같다고 말했다.

인생을 살다 보면 내 뜻대로 되지 않는 일들이 너무나 많다. 얼핏 우리는 세상과 투쟁하고 있는 것처럼 보이지만, 본질은 대개 자신의 내면에서 일어나는 충돌이다. 새로운 한 해에는 자기 자신에게 조금 더 관대해지자. 좋은 음식을 먹고, 잘 쉬고, 자신을 너무 가혹하게 대하지 않기를 바란다.

몇 해 전부터 모두가 힘든 상황을 견뎌내고 있다. 그러니 스스로에게 너무 무거운 짐은 지우지 말자. 사는 게 아무리 바쁘고 힘들어도 나를 향한 미소를 잊지 않기를.

#7
가족과 친구들을 챙겨라

노인들이 가장 두려워하는 건 넘어지는 것이다. 그런데 얼마 전 아버지가 크게 넘어지신 적이 있었다. 다행히 매일 운동을 하시는 분이라 큰 부상이 없었다. 그래도 나는 이 소식을 듣고 크게 놀랐다.

내가 크게 놀란 이유는 두 가지였다. 첫째는 문득 '부모님이 이제 많이 늙으셨구나.' 하는 생각이 들었기 때문이었고, 둘째는 아버지가 넘어지고 이틀이 지나서야 누나에게 이 소식을 전해 들었기 때문이었다.

최근 몇 년 동안 정신없이 바쁘게 살다 보니 멀리 계신 부모님께 전화를 자주 드리지 못했다. 아버지는 내 걱정을 많이 하셨는데, 전화를 거실 때면 항상 '지금 통화 가능하니?'라고 메시지로 먼저 물어보신 뒤 내가 괜찮다고 한 다음에야 전화를 거셨다. 그런데 이마저도 너무 바빠 아버지의 메시지에 제때 답장을 보내지 못한 적도 많았다.

내 사업의 성공 여부와 상관없이 부모님은 해가 갈수록 계속 늙고 계시다. 그래서 새로운 한 해에는 집에 자주 들르지 못하더라도 전화로 자주 안부를 여쭤야겠다는 생각이 들었다. 아침에 간단히 인사를 나누고, 주말에는 일주일 동안 있었던 일들을 말씀드리고, 평소 생각날 때마다 자주 안부를 여쭤본다면 부모님도 나도 안심할 수 있을 것이다.

이 세상의 모든 부모님들이 올해에도, 내년에도, 그 후에도 늘 건강하고 평안하기를.

#8
사랑하는 일을 하고 누군가를 뜨겁게 사랑하라

이 항목은 나의 가장 큰 바람이기도 하다.

앞으로 다가올 날들에는 내가 사랑하는 일을 해서 돈을 벌고, 설령 아무런 결실을 맺지 못할지라도 누군가를 뜨겁게 사랑하며, 모진 풍파가 닥쳐도 내가 사랑하는 그 길 위에 서 있을 수 있기를 바란다.

　내가 이해하는 아름다움이란 '자신이 사랑하는 모든 것과 함께 하는 것'이다. 부디 모든 사람들 곁에 자신이 사랑하는 모든 것이 함께하기를.

#선택

인생은 이것의 연속

당신의 현재는
과거 당신이 했던 선택들의 **결과**다

#1

연말에 고향에 내려갔다가 영화관에 혼자 영화를 보러 간 적이 있다. 나는 음료수를 사서 영화가 시작될 때까지 한쪽에 서서 기다렸다. 그러다가 음료수를 한 모금 마시려고 마스크를 잠시 내린 순간, 어디선가 나를 부르는 소리가 들렸다.

"리상룽?"

뒤를 돌아보니 마스크를 내린 채 나를 보고 웃고 있는 한 사람이 보였다.

누군지 도무지 생각나지 않아 당황하고 있는데, 그가 웃으며 말했다.

"야, 너 나 기억 안 나? 나 ○○○야!"

그 순간 불현듯 기억이 되살아났다. 중학교 3학년 때 같은 반이었던 친구였던 것이다.

내가 말했다.

"네가 어떻게 여기에 있어?"

나는 말을 하자마자 후회했다. 나도 내가 왜 그런 말을 했는지 이해할 수 없었다. 그 친구는 내 근황을 모두 알고 있었다면서 혹시 위챗 계정을 알려 줄 수 있겠냐고 쑥스러운 듯 말했다. 그는 머리를 긁적이며 자기는 지난 몇 년 동안 직장을 여러 번 옮겨 다녔고 결혼해서 아이가 있다는 말도 덧붙였다. 우리는 그렇게 짧은 대화를 나누고 영화 시작 시간이 다 되어 헤어졌다.

나는 영화관에 들어가서도 한참 동안 생각에 잠겨 있었다. 사실 중학교 때까지만 해도 그 친구와 나는 꽤 가까운 사이였다. 그의 자리는 바로 내 옆이었는데 분단을 바꿔도 우리는 늘 나란히 앉았다. 그만큼 가까웠던 우리 사이의 거리가 지금은 어떻게 이렇게 멀어진 걸까?

중학교에 다닐 당시 영화 〈고혹자(古惑仔)〉가 큰 인기를 끌었던 기억이 난다. 그때 주변에는 자신이 영화 속 주인공들이라도 된 양 무리를 지어 다니는 친구들이 많았다. 그 친구도 중학교 2학년 때 소위 말하는 '조직'에 들어가게 되었다. 말이 좋아 조직이지 고등학생들 몇 명이 만든 패거리였다. 패거리는 학교 수업을 밥 먹듯 빼먹고 종일 오토바이를 타고 무리 지어 다녔다. 그들은 당구를 치러 다니거나 허세를 부리며 여학생들을 쫓아다녔고, 때로는 '보호비' 명목으로 친구들에게 돈을 뺏기도 했다. 그러고는 뺏은 돈으로 PC방에 가서 실컷 게임을 했다.

패거리는 공부만 빼고 무엇이든 했다.

한 번은 그 친구가 패거리를 이끌고 다른 학교 패거리와 싸움을 하러 갔는데, 그때 내가 옆에서 망을 봐 준 적이 있다.

얼마 후 우리는 중학교 3학년이 되었다. 나는 성적이 떨어져 아버지께 한바탕 크게 혼이 난 후로 누나와 반강제적으로 아침 자율학습에 참여했고, 수업이 끝나면 집에 일찍 돌아와 숙제를 했다. 덕분에 입시를 잘 치르고 원하는 고등학교에 순조롭게 진학할 수 있었다. 하지만 그 친구는 고등학교 진학에 실패했고, 그 후로 갑자기 소식이 끊겼다. 나중에 다른 친구를 통해 들은 바로는 그 친구는 전문학교에 진학했지만 중도에 학교를 그만두었다고 했다.

영화관에 앉아 있을 때 내 머릿속을 맴돈 질문은 이런 것이었다.

'도대체 무엇이 우리를 갈라놓은 걸까? 아니, 무엇이 우리 사이를 서서히 멀어지게 한 것일까?'

시간이 흐르면서 한 사람은 무대 위로 올라갔고, 다른 한 사람은 무대 아래로 내려가 보이지 않게 되었다. 한 사람은 대도시에서 번듯하게 생활할 때 다른 한 사람은 고향으로 내려와 아르바이트를 하고 있다. 한 사람은 자신이 원하는 삶을 살고 있고, 다른 한 사람은 인생을 어떻게 살아야 할지 여전히 감을 잡지 못하고 있다.

나는 영화가 끝날 때까지 질문에 대한 답을 찾지 못했다. 그저 운명이 두 사람을 갈라놓은 것이라고 생각할 수밖에.

이런 생각을 하면서 집에 가는 길에 문득 중요한 깨달음을 얻었다.

#2

생각해 보니 예전에도 비슷한 일이 있었다. 6년 전, 그러니까 팬데믹이 시작되기 한참 전이었다.

그때 처음으로 미국 여행을 가서 스탠퍼드대학교 교정을 걷고 있었는데, 어디선가 익숙한 목소리가 나를 불러 세웠다.

"너 리샹룽 아니니?"

소리가 나는 쪽으로 뒤를 돌아봤는데 누군지 기억이 나지 않았다. 이런, 빌어먹을 세월이 내 기억력을 다 갉아먹었나 보다.

그러자 그녀가 웃으며 말했다.

"나야, ○○○!"

세상에, 그녀는 내 고등학교 동창이었다. 그 친구는 고등학교 내내 나보다 두 줄 앞에 앉아 있었는데 그녀의 얼굴이 바로 기억 나지 않았던 이유는 뒷모습을 더 많이 봤기 때문이었다. 워낙 조용한 친구였기 때문에 고등학교를 다니는 내내 제대로 대화를 나눈 적이 몇 번 없었다.

그럼에도 불구하고 그녀를 기억하는 이유는 한 가지 독특한 특징 때문이었다. 그 친구는 단체 체조를 하는 모습이 굉장히 특이했다. 특이했다는 것이 이상했다는 뜻은 아니다. 이름도 거창한 '전국 중학생 방송체조 2세트: 시대의 부름' 체조 음악이 나오면 대부분의 학생들은 건성으로 일어나 동작을 따라 하는 척만 했다. 하지만 그 친구는 한 번도 체조를 허투루 한 적이 없었다. 언제나 열심히 하다못해 동작이 크고 과장되기까지 했다.

그 친구는 늘 이렇게 말했다.

"체조를 제대로 해야지 다음 시간에 졸리지 않아."

뒤에 앉은 친구들은 언제나 그런 그녀를 수군대며 놀렸고 급기야 나중에는 그녀가 무슨 병에 걸려 몸에서 고약한 냄새가 난다는 헛소문까지 퍼트렸다. 하지만 그때는 아무도 감히 나서지 못했다. 자신도 같은 처지가 될까 봐 두려웠기 때문이다.

그래, 나 역시 그런 겁쟁이들 중 하나였다.

놀랍게도 그 친구는 이런 상황을 전혀 개의치 않고 오직 자신의 목표만을 바라보며 묵묵히 공부했다. 다른 친구들이 뭐라고 수군대든지 못 들은 척하고 공부에만 몰두했다. 당연히 그녀의 성적은 늘 상위권이었다.

그 친구는 특히 생물 과목에 뛰어난 재능을 보였고, 고3 때는 생물반 대표를 맡기도 했다. 나는 그녀에게 생물 과목에 관해 질문하고 싶은 문제들이 많았지만, 용기가 없어 다가가지 못했다. 괜히 나갔다가 나도 따돌림을 당하는 건 아닐끼, 소문대로 그녀에게 고약한 냄새가 나는 것은 아닐까, 무서웠다.

나중에 그녀는 우수한 성적으로 화중과기대(華中科技大學)에 진학했다. 그 이후 대학원에 가기 위해 미국으로 유학을 떠났고, 스탠퍼드에서 조교로 일하며 학술 분야에서 우수한 성과를 냈다. 미국에서 그녀를 만난 날, 우리는 고등학교 때 이야기를 했다. 그녀는 고등학교 때 많은 친구들이 자기를 좋아하지 않는다는 걸 알았지만, 학교는 자신의 꿈을 이루기 위해 공부를 하는 곳이라고 생각했기 때문에 별로 개의치 않았다고 말했다.

한편, 그때 뒤에서 그녀를 놀리던 친구들 중 그녀보다 잘된 사람은 한 명도 없었다.

이 글을 쓰면서 그녀에게 오랜만에 전화를 걸어 봤다. 알고 보니 벌써 귀국해 베이징대학교 연구소에서 일하고 있었다.

내가 그녀의 이야기를 책에 써도 되겠냐고 묻자 실명만 아니면 괜찮다고 말했다. 우리는 다시 고등학교 때 이야기를 했다. 우리가 아는 동창들은 대부분 평범하게 살고 있었다. 나이가 서른 정도 되면 이런저런 어려운 일도 많이 생기고 삶이 녹록지 않아진다. 실제로 최근 친구들의 SNS를 둘러보다 보면 우울증에 걸리거나, 이혼을 하거나, 해고를 당하거나, 돈이 없어 병원비를 모금하거나, 심지어 정신병에 걸린 친구도 보인다.

그럼 영화관에서 내내 생각하던 질문으로 돌아가 보자. 도대체 무엇이 한 반에서 함께 공부하던 우리 사이를 갑자기 갈라놓은 것일까? 아니, 갑자기 갈라진 것이 아니라 우리는 서서히 멀어졌다. 왜 어떤 친구들은 번듯하고 안정적인 삶을 살고, 어떤 친구들은 하루하루 버겁게 살게 된 걸까?

이 질문의 답은 생각보다 간단하다. 전자는 공부에 전념해야 한다는 걸 알았고, 후자는 공부 외에 중요하지 않은 일들에만 매달렸기 때문이다. 결국 전자는 시간이 흐를수록 더욱 강해졌고, 후자는 시간이 흐르면서 길을 잃고 방황하게 된 것이다.

#3

나는 '평행우주'의 개념을 좋아한다. 만약 정말 평행우주가 존재한다면, 나는 그곳에서 영화표를 팔고 있을지도, 베이징대 연구소에서 일하고 있을지도 모른다. 만약 정말 그렇다면 지금의 나는 왜 평행세계의 나와 다른 걸까?

인생은 일련의 선택과 계산의 결과다. 내가 지금의 내가 된 것은 평행세계의 나와 다른 선택과 계산을 했기 때문이다.

나는 중학교 때 패거리와 어울리지 않았고, 멋있어 보이는 일에 현혹되지 않았다. 대신 공부를 열심히 하기로 결심했고, 덕분에 고등학교에 진학해 오늘날까지 온 것이다.

그리고 나는 고등학교 때 생물에 큰 관심이 없었고, 생물 과목을 열심히 공부하지 않았기 때문에 그녀와 같은 생물학 인재가 되지 못한 것이다.

직업에는 귀천이 없다는 말처럼 모든 직업은 존중받아 마땅하다. 하지만 왜 많은 사람들이 자신이 좋아하지도 않는 일을 하면서 불행하게 살고 있는 걸까?

답은 단 한 가지다. 그건 바로 과거에 심어 놓은 '씨앗' 때문이다. 그 씨앗이 시간이 흘러 원치 않는 결실을 맺은 것이다. 스스로 애써서 자신의 계산법을 바꾸지 않으면 그저 흘러가는 대로 살게 된다. 다시 말해 자신이 생각하는 대로 살지 않으면 자신이 사는 대로 생각하게 된다는 말이다.

지금 당신의 모습은 과거 당신이 했던 수많은 선택의 결과다. 그러니 원망하지 말고 무거운 책임을 느껴라. 물론, 시간을 거슬러 올라가 과거를 바꿀 수는 없지만, 앞으로의 미래를 창조할 수는 있다. 그럼 어떻게 하면 자신이 원하는 미래를 만들어갈 수 있을까? '바로 지금' 당신이 원하는 결실의 씨앗을 심는다면 미래에 그 결실을 얻게 될 것이다.

자신의 10년 후를 상상해 보자. 당신은 어떤 인생을 꿈꾸는가? 자신이 꿈꾸는 인생이 어떤 것인지 명확히 알았다면 지금 당장 그것을 위해 할 일이 무엇인지 생각하고 실행하라. 다른 사람들이 무엇을 하는지는 중요하지 않다. 오직 자신의 목표에만 집중하자.

한밤중에 문득
보고 싶은 사람이 있다면

#1

사관학교에 다니던 어느 날 밤, 동기들이 갑자기 집으로 찾아왔다. 한 사람은 안주를 들고, 한 사람은 술 한 병을 들고 서서 나를 보자마자 이구동성으로 이렇게 물었다.

"아버님은 괜찮으셔?"

아버지가 얼마 전에 방광암 진단을 받으셨다. 나는 당장 어떻게 해야 할지 몰라 일단 SNS에 소식을 올려 조언을 구했다. 많은 친구들이 걱정해 주고 정보를 줬는데, 이 둘은 직접 집까지 찾아와 함께 병원도 알아봐 주고 대책을 세워 줬다.

나는 여러 병원에 연락을 해 알아보고, 병과 관련된 자료들을 찾아 읽어 봤다. 아버지의 병은 더 이상 진전되고 있지 않았지만, 나는 여전히 마음을 놓을 수가 없었다. 혼자 오래 살다 보니 이런 저런 걱정들이 많아졌다.

사실 우리 집에 찾아온 두 사람과는 오랫동안 만나지 못했던 터라 처음에는 무슨 이야기를 나눠야 할까 걱정이 들었다. 아디 는 내 선임이었는데 여전히 현역 군인으로 복무 중이다. 그가 술 을 한 잔 마시더니 이렇게 말했다.

"상룽, 너 그거 기억나? 하루는 네가 한밤중에 전화를 걸어서 너무 우울하다고 하길래 그날 밤에 널 데리고 학교 운동장에 산 책하러 갔잖아. 그때 네가 펑펑 울면서 이렇게 청춘을 보내는 게 무슨 의미가 있느냐고 말했지. 나는 누구에게나 힘든 순간이 있 다며 마음껏 울어도 괜찮다고 너를 위로했고 말이야."

그 이야기를 듣자 다시 10년 전으로 돌아간 것 같았다. 매점에 서 라면을 사 먹던, 교문 앞에 쪼그려 앉아 지나가던 다른 학생들 을 구경하던, 그리고 때로는 너무 힘들어 큰소리로 펑펑 울기도 했던 그 시절로 말이다.

술을 두어 잔 정도 마시고 나서 휴대폰으로 음악을 틀었다. 〈장미꽃 장례〉라는 노래가 흘러나왔다. 요즘 친구들은 잘 모를 수도 있겠지만, 당시에 이 노래를 부른 쉬숭(許嵩)은 왕쑤룽(汪蘇瀧), 쉬랑(徐朗)과 함께 'QQ뮤직'의 3대 거장으로 꼽혔었고, 모르는 사람이 없을 정도였다. 그 시절을 함께 보낸 세 남자는 추억의 노래를 들으며 술 한 병을 비웠고, 그 시절 이 노래를 함께 들었던 친구들의 이야기를 시작했다. 노래 한 곡으로 시작된 우리의 이야기는 밤새 꼬리에 꼬리를 물고 이어졌다. 정말 많은 생각이 들었던 밤이었다.

이야기를 하다가 문득 예전에 갔던 한 행사가 떠올랐다. 내 기억이 틀리지 않았다면 그 모임에서 쉬숭을 봤다. 나는 그에게 다가가 내 소개를 하고 내가 당신의 노래를 들으며 자랐다고 용감하게 말하고 싶었지만 사람들이 워낙 많아서 그럴 수가 없었다. 그러고는 그냥 멀리서 지켜보는 것도 괜찮다고 스스로를 위로했다.

사실 〈장미꽃 장례〉를 다시 들었을 때 가장 먼저 떠오른 사람은 쉬숭이 아니었다. 다른 한 사람, 결혼도 했는데 얼마 후 자살을 해 버린 그 사람이 떠올랐다.

아, 여자는 아니니 오해 없기를 바란다. 그 사람은 내 오랜 친구였는데, 줄곧 심각한 우울증을 앓았다. 마지막으로 그 친구를 만났을 때 그는 머리를 빡빡 밀어 버리고 싶다거나, 회사를 그만두고 싶다거나, 심지어 아내고 아이고 다 죽어 버렸으면 좋겠다는 말을 서슴지 않고 했다. 그러고는 술을 연달아 몇 잔 마시더니 화가 난 듯 테이블을 세게 내리치고는 뒤돌아 가 버렸다. 그 친구가 떠날 때 술집에 나오고 있던 노래가 바로 〈장미꽃 장례〉였다.

그때 나는 그 자리에 함께 있던 친구와 저 친구 또 저런다며 혀를 찼다. 그리고 얼마 후 그 친구의 아버지가 SNS에 글을 남겼다.

> ○○○가 사흘 전 세상을 떠났습니다. 그동안 우리 아들을 아끼고 사랑해 준 모든 친구들에게 감사 인사를 전합니다. ○○○가 저세상에서는 더 이상 괴로워하지 않고 행복하기를 바랍니다. 여러분 모두 건강하세요.

#2

누구도 흘러가는 세월을 거슬러 올라갈 수도, 가만히 붙잡아

놓을 수도 없다. 우리가 할 수 있는 일은 그저 함께 흘러가는 것뿐이다.

그 친구에 관해서는 나중에 시간이 되면 다시 한번 이야기하도록 하겠다.

다시 이 장의 주제로 돌아와 보자.

만약 한밤중에 누군가 그리워지면 어떻게 해야 할까?

방법은 오직 하나, 뒤돌아보지 않고 계속 앞으로 나아가는 것뿐이다.

하루는 마흔을 훌쩍 넘긴 한 형님과 대화를 나눴는데, 그 형님이 말하기를 이 나이가 되고 나니 주변에 사람들이 매년 하나둘 떠나간다고 했다. 형님은 이렇게 하소연했다. 마흔이 넘어서까지 제대로 이룬 일 하나 없고, 와이프는 계속 고생만 시키고, 아이는 국제학교 문턱도 못 넘어 보고, 부모님은 날로 건강이 안 좋아지시고, 자기도 삶이 행복한 줄을 모르겠다고. 그러니 이미 떠나 버린 친구들처럼 나도 떠나도 그만이라고….

나는 이런 비관적인 태도를 정말 싫어한다. 그래서 형님에게 대놓고 이렇게 말했다.

"제가 형님 나이가 되었을 때 형님처럼 된다면 비극이 따로 없겠네요."

그러자 형님이 웃으며 말했다.

"너는 아직 젊어서 누군가 네 곁을 영원히 떠나가는 경험이 많지 않을 거야."

내가 말했다.

"꼭 죽음만이 영원한 이별인가요? 요즘 세상에 누군가를 잃는 건 정말 쉬워요. 메신저에서 이름을 삭제하는 순간 그 사람이랑은 안녕이거든요."

형님이 다시 웃으며 말했다.

"그건 그래. 죽음만이 영원한 이별은 아니지."

나는 죽지 않고 잘 살아 있지만 메신저에서 삭제한 이후 영원히 이별해 버린 친구들을 떠올렸다. 아마 다시는 볼 수도, 연락이 닿지도 않을 것이다.

사실 고개를 돌려 더 이상 서로를 바라보지 않는다면 그것이 곧 이별이다. 그 사람이 하늘나라로 떠났든 땅으로 꺼졌든 갈림길을 만나 서로 다른 길을 가게 되었든 말이다.

그날 밤, 술을 마시고 동기 한 명에게 물었다.

"너는 한밤중에 문득 보고 싶은 사람이 있어?"

그가 말했다.

"있지. 예전만큼 자주는 아니지만."

내가 호기심에 물었다.

"누구?"

그는 쑥스러워하며 나도 아는 그 이름을 말했다. 그의 전 여자친구였다. 그는 여자친구를 마음을 다해 깊이 사랑했지만 둘은 결국 헤어졌고, 그 이후 그는 메신저에서 그녀를 삭제했다. 십여 년의 시간이 흐르는 동안 두 사람은 각자의 가정을 꾸렸고, 단 한 번도 서로를 만나지 못했다.

그가 옅은 미소를 지으며 말했다.

"그녀와 헤어질 때 흘러나오던 노래도 〈장미꽃 장례〉였어."

내가 조심스레 물었다.

"그녀를 다시 만나고 싶은 거야?"

그가 말했다.

"그럴 리가."

내가 다시 물었다.

"그녀의 계정을 삭제한 걸 후회해?"

그가 웃으며 대답했다.

"계정을 삭제한 순간부터 그녀는 나에게 죽은 사람이나 다름 없어."

#3

    누군가 그랬다. 연인이 헤어지고 나면 상대방은 이미 죽은 사람이나 마찬가지라고. 처음에는 이 말이 잘 와닿지 않았는데 그날 밤 비로소 의미를 이해했다. 상대가 이미 내 인생에서 죽은 사람이라고 생각하면 그 사람에 대한 집착을 내려놓고 앞으로 나아갈 수 있게 된다.

    2020년 어느 날 밤, 샤오양이 우리 집에 술을 마시러 오면서 의사 친구 한 명을 데려왔는데, 베이징 삼갑(三甲, 중국 최고 등급-역주)병원에서 굉장히 명망이 높은 의사였다. 그날 그렇게 셋이 모여 술을 마시는데 한 잔, 두 잔 마시다 보니 다들 과음을 하게 되었다. 그런데 어느 순간, 이 의사 친구가 술에 취해 이성을 잃고 욕설을 마구 퍼붓기 시작하는 게 아니겠는가. 누구에게 퍼붓는 것인지 대상을 알 수 없는 욕이었다. 우리는 얼른 그를 집에 보내기 위해 내려가 콜택시를 불렀다.

    그는 택시에 올라타서도 욕설을 멈추지 않았고, 겁에 질린 택시 기사는 경찰을 불렀다. 결국 경찰이 출동했고, 우리는 택시 기사에게 연신 사과하며 의사 친구를 부축해 차에서 끌어 내렸다.

    콜을 취소하려는데 기사가 말했다.

"괜찮아요. 진정될 때까지 조금만 기다려 보죠."

의사 친구가 거의 잠이 들었을 때 우리는 그를 차에 태웠다. 그때 택시 기사가 뒤를 돌아보며 말했다.

"쉽지 않아요."

내가 물었다.

"뭐가요?"

그가 대답했다.

"원래 나이 먹으면 다 쉽지 않아요."

나는 속으로 웃으며 생각했다.

'언제 쉬웠던 적이 있을까?'

집으로 돌아와 한쪽에 세워두었던 우쿨렐레와 기타를 집어 들고 바닥에 앉아 위스키 한 병을 열었다. 그리고는 우쿨렐레를 들고 〈올드보이(老男孩)〉를 연주하기 시작했다. 나는 샤오양에게 기타를 넘겼고, 그는 연주를 하며 노래를 부르기 시작했다. 이 노래를 바로 앞에서 라이브로 듣게 되다니 감격에 겨워 눈물이 날 것 같았다.

각자 앞을 향해 나아가던 모습은 점점 멀어져 가고
평범한 미래는 어디에 있을까, 누군가 답을 해 주오

내 곁에 함께 있던 사람아, 너는 지금 어디에 있나…

삼십 대였던 샤오양과 사십 대였던 왕타이리(王太利)는 눈 깜짝할 새 사십 대와 오십 대에 접어들었다. 그리고 그들의 팬이었던 나는 이십 대에서 삼십 대로 접어들었다.

친구가 옆에서 물었다.

"〈올드보이〉를 들으면 떠오르는 사람이 있어?"

내가 대답했다.

"응. 떠오르는 사람이 있어. 그런데 이미 죽은 사람이야."

그가 물었다.

"누구?"

내가 덤덤히 대답했다.

"나."

#4

한밤중에 문득 내 인생에서 떠나간 사람들이 떠오를 때가 있다. 그중에는 이미 세상을 떠난 사람도 있고, 오랜 시간이 흘러

잊고 지내던 사람도 있고, 사람은 그대로 있지만 더 이상 예전에 그 사람이 아닌 사람도 있다.

내가 바로 그런 사람이다. 나는 더 이상 그 옛날 어리숙한 소년도 아니고, 아무것도 모르고 방황하던 청년도 아니다. 서른 살이 되고 나서부터 매일 죽을힘을 다해 열심히 살고 있다. 몸은 많이 힘들지만 그래도 마음은 정말 행복하다.

이렇게 한밤중에 예전의 내 모습이 떠오를 때가 많다. 아무런 걱정 없이 태평하게 보낸 낮과 열정적이고 화려했던 밤의 시간들. 가끔 그때 그 소년이 그립지만, 나의 원대한 꿈을 이루기 위해서는 그와 작별해야 한다는 걸 잘 안다.

만남과 이별은 낮과 밤이 바뀌는 것처럼 자연스러운 일이다. 때로는 보이지 않음으로써 더 멀리 내다보게 될 때가 있다.

내가 좋아하는 노래 가사 중에 '시간은 뒤돌아보지 않는다'는 구절이 있다. 가장 아름다운 청춘의 모습은 앞만 보고 묵묵히 앞으로 걸어가는 것이다. 시간이 그런 것처럼 뒤돌아보지 말고 계속 걸어가라.

남들과
좀 다르면 어때

#1

얼마 전에 선전(深圳)에 며칠 머무를 일이 있었다. 오랜만에 한
가한 시간을 보내다 보니 문득 포장마차 음식이 먹고 싶어졌다.
입맛이 그 사람의 수준을 결정한다는데, 나는 왠지 어려서부터
여름만 되면 거리에 즐비한 포장마차 음식이 그렇게 먹고 싶었다.

선전에 머무는 내내 날씨가 정말 좋아서 시간이 될 때마다 친
구를 불러내거나 아니면 혼자서 포장마차를 찾아갔다. 포장마차
에 혼자 앉아 있으면 주변에 앉은 젊은 친구들이 하는 이야기들

이 들려왔다. 그런데 재미있는 건 어느 테이블이든 공통으로 들리는 단어들이 있었다. 바로 '주식, 펀드, 상장' 같은 단어들이었다.

나는 가만히 주변을 둘러봤다. 생긴 모습은 각자 다 다른데 이야기하는 주제는 모두 거기서 거기였다. 그들은 자신이 보고 들었던 경제적 자유를 실현한 사람들에 대해 열심히 떠들었다. 어떤 프로그래머가 프로그램을 개발해 수십억을 벌었다더라, 어떤 기업가가 회사를 비싼 값에 팔고 은퇴했다더라, 어떤 1인 미디어 종사자는 일 년에 순수입만 몇억이라더라….

그들의 거의 모든 대화는 '돈'이라는 주제를 중심으로 흘러갔다.

언제부터인가 베이징의 상황도 이와 비슷했다. 차오양구의 만(MANN)커피나 스타벅스에 앉아 있으면 수백억, 수십억 규모의 사업을 논의하는 사람들을 흔히 볼 수 있고, 중관춘(中關村) 부근의 포장마차도 주식 이야기에 푹 빠진 이십 대 젊은 친구들로 가득하다.

전 국민이 주식을 하고 모두가 돈에 관해 이야기하는, 정말 새로운 시대가 아닐 수 없다.

나는 이런 광경들을 보면서 이런 생각이 들었다.

'과연 나는 이십 대 때 친구들이랑 무슨 이야기를 했을까?'

이런 생각에 빠져 있을 즈음 뉴스 기사 하나가 눈에 띄었다. 스타 강사 장쉐펑(張雪峰)이 베이징을 떠난다는 소식이었다. 그는 학생들에게 늘 베이징, 상하이, 선전, 광저우 같은 대도시에 가서 성공해야 한다고 수없이 말했던 사람이다. 그런 그가 14년 만에 베이징을 떠나 쑤저우로 간다고 했다. 갑자기 이유를 알 수 없는 슬픔이 밀려왔다. 결국 이렇게 떠날 거라면 사람들은 왜 이 큰 도시에서 그렇게 고생하며 돈을 버는 것일까?

내가 처음 선전에 간 건 2012년이었다. 그때 학교를 그만두고 일자리를 구하러 갔었는데, 역시나 듣던 대로 쉽지 않았다. 나는 선전이라는 대도시의 높은 벽을 체감하고 터덜터덜 돌아와야 했다. 나는 이 이야기를 친구들에게 자주 하는 편인데, 한 친구가 내게 그때 선전에 정착하지 않은 걸 후회하느냐고 물은 적이 있나. 나는 그렇지 않다고, 결국 베이징에 와서 잘 살고 있지 않느냐고 대답했다.

그러자 친구가 이렇게 되물었다.

"내 말은 그때 선전에 집을 사 놓을걸, 후회하지 않느냐고."

나는 이내 그가 무슨 말을 하고 싶은 것인지 알아차렸다. 선전의 집값은 2012년부터 폭등하기 시작해 지금은 가격이 하늘을 찌르고 있다. 결국 돈을 벌 좋은 기회를 놓친 것을 후회하지 않느냐는 의미였다. 솔직히 말해서 나는 조금도 후회하지 않는다. 어차피 집을 사고 싶었다고 한들 그때는 돈이 한 푼도 없었기 때문이다.

내가 그 시절을 회상하며 후회되는 일이 있다면, 그건 가진 것이 아무것도 없던 그 시절의 이야기를 기록해 놓지 않은 것이다. 그 시절 아름답지 않은 추억과 힘들었던 시간이 이제는 모두 잊혀진 지 오래다.

시간이 흘러 다시 선전에 갔을 때는 이미 이름이 알려진 작가가 되어 있었다. 그때는 선전의 한 서점에서 열린 저자 사인회에 참석하기 위해 방문했다.

독자들을 만나 대화를 나누다 보면 '다른 사람들한테는 말하지 마세요'라며 아주 조심스럽게 들려주는 이야기들이 있다. 이런 이야기는 대부분 돈을 버는 것과는 관련이 없는 것들이 대부분인데, 나는 이런 이야기를 들을 때 비로소 사람의 온기를 느낀다.

함께 밥을 먹거나 술을 마시면서 나누는 진솔한 대화, 편지에 꾹꾹 눌러 담은 이야기, 블로그나 메신저를 통해 전해지는 이런 이야기에는 돈을 버는 방법이 아닌 한 세대의 막막함과 온정이 담겨 있다. 아니, 모든 세대의 막막함과 온정이 말이다.

나는 이런 것이야말로 사람에게 있어 돈보다 더 중요한 것이라 믿는다.

#2

내가 이십 대 초반일 때만 해도 주변에 주식이나 펀드에 관해 이야기하는 사람을 찾아보기 힘들었다. 그때는 누구나 열심히 일해야만 돈을 벌 수 있다고 믿었다. 그런데 지금은 거의 모든 사람들이 일확천금의 꿈만 꾸고 있는 듯하다. SNS를 둘러보다 보면 수천만 원씩 수익을 냈다는 '주식의 신'들이 심심치 않게 보인다. 낮에는 국내 주식을, 또 밤에는 미국 주식에 투자해 큰돈을 벌었다는 사람들을 보면서 너도나도 주식 시장에 뛰어들고 있고, 이에 덩달아 펀드 매니저들의 인기도 치솟고 있다.

일확천금을 꿈꾸는 것이 나쁘다고 생각하지는 않는다. 다만 모든 사람들의, 특히 모든 젊은 친구들의 머릿속에 이 생각밖에 없다면 조금 문제가 있는 게 아닐까?

돈이 중요하지 않다고 생각한 적은 한 번도 없다. 상업은 인류의 위대한 발명이고, 상업이 있기에 인류가 오늘날까지 이렇게 발전할 수 있었다. 나는 심지어 상업이 위대하다고 생각하는 사람이다. 그래서 비즈니스 스쿨에 진학해 상업의 여러 가지 논리를 공부하고 탐구했다. 하지만 사람들이 시도 때도 없이 돈 이야기를 하고 온통 비즈니스에만 몰두한다면, 또 학생들이 학업의 본분은 잊은 채 종일 투기에 대한 생각밖에 없다면 사회가 지나치게 단조로운 건 아닌가 걱정해 봐야 한다.

만약 어떤 사회에 단 한 가지 언어체계만 존재한다면 그 사회는 무미건조하고 심지어 경박해지기 쉬울 것이다. 또 어떤 사회의 모든 젊은이들이 매일 주식 시장에 대한 이야기만 한다면 이 사회는 앞을 향해 나아가기보다 돈만 보고 나아가기 쉬울 것이다.

이것이 바로 이 시대의 슬픔이다.

종종 어린 학생들이 찾아와 나에게 어떤 펀드를 사면 좋겠느냐고 물을 때가 있다. 나는 그럴 때마다 당혹스러움을 감출 수가 없다. 그 친구들이 돈을 어디에서 구할 것인지보다 더 걱정되는 것은 한창 중요한 것들을 배우고 공부해야 할 시기에 투기를 배우고 있다는 사실이다. 우리가 학교를 다닐 때에도 주식투자에 실패해 스스로 목숨을 끊었다거나 혹은 주식으로 큰돈을 벌었다는 사람의 이야기를 간혹 접하기는 했지만, 이것은 어디까지나 멀리서 전해 들은 소식이다. 우리에게는 누가 이번 수학 시험에서 백 점을 받았으며 누가 반에서 몇 등을 했는지가 더 중요한 소식이었고, 그보다 더 중요한 화제는 누가 누구를 좋아하고 누가 누구랑 사귀냐는 것들이었다.

물론 모든 사람들이 좋은 이야기만 한 것은 아니지만 최소한 그 시절의 대화에서는 사람의 온기를 느낄 수 있었고, 언어체계도 지금보다 훨씬 다양하고 복잡했다. 사람들은 자신의 미래에 대해 깊이 토론했고, 사랑에 대해 이야기했다. 지금처럼 거의 모든 사람들이 한 가지 주제에 관해 이야기하지는 않았다.

사실 나이가 들수록 소위 말하는 공감대 형성이나 집단적 표현에 조금씩 두려움을 느끼게 된다. 공감대 형성과 집단적 표현은 사람의 개성을 쉽게 무시하고 내면의 고유한 온기를 잃게 만든다. 내면의 온기는 시대적 분위기 속에서 쉽게 사라져 버리고, 대신 상업적인 색채가 강한 언어로 대체되어 표현된다. 돈을 버는 것이 목표가 아니거나, 부자가 되는 것이 궁극적인 목표가 아닌 사람은 마치 문제가 있는 사람으로 치부해 버리는 지금 시대처럼 말이다. 이러한 단조로운 언어체계 안에서는 개별적인 사상은 타격을 받게 된다.

얼마 전 한 친구가 텐센트를 나와 은행으로 이직했을 때, 사람들은 그녀가 스스로 자신의 몸값을 낮춘 것이라며 안타까워했다. 하지만 정작 그녀는 이직 후 진심으로 행복해했다. 비록 연봉은 줄었지만 스트레스도 덜하고 아이들과 함께 할 수 있는 시간이 늘어 너무 좋다고 말했다. 그리고 무엇보다 바쁘게 사느라 만신창이가 된 자신의 인생을 찬찬히 돌아볼 수 있게 되었다고 했다. 나중에 그녀는 이혼하고 홀로 아이들을 키우며 대출까지 갚아 나가야 했지만, 그래도 여전히 행복해 보였다. 그녀는 어려서부터 야무지고 똑똑한 '엄친딸'이었고, 대학을 졸업한 후에는 대기업에 취직해 높은 연봉을 받았다. 하지만 이 모든 것은 그녀가 원하던 것이 아니었고, 늦게나마 그녀는 자신이 원하는 인생을 살기로 선택했다.

그녀는 이혼 수속을 마치고 나와 내게 이런 메시지를 보냈다.

'드디어 내 자신의 모습을 되찾은 것 같아.'

'그래. 나도 정말 기뻐.'

'이제야 남들과 다른 사람이 됐어.'

내가 말했다.

'원래 사람은 누구나 다른 사람과 달라.'

#3

세상에는 다양한 가치관이 존재해야 한다. 나는 다른 사람과 똑같은 걸 굉장히 싫어한다. 그래서 유행에 반대하고, 천편일률적인 생활방식이나 표현방식을 거부한다. 나는 남들과 다른 생각, 남들과 다른 삶을 좋아한다. 사람이 다른 사람과 같아지려고 하면 불안해지기 마련이다. 이 세상에는 모양과 색이 완전히 똑같은 두 장의 잎이 존재하지 않고, 생김새가 완전히 똑같은 두 명의 사람도 존재하지 않는다. 그런데 왜 애써 다른 사람과 똑같아지려고 하는가? 누가 경제적 자유를 얻었든, 누가 수백억을 벌었든, 누구 연봉이 몇억이든 그건 나에게 중요하지 않다. 정말로 중요한 건 내가 지금 행복하고, 내 삶에 얼마나 만족하며 살아가느냐 하는 문제다.

그러므로 좋아하는 일이 있다면 그것을 해라. 그것이 아무리 남들 눈에 이상해 보이는 것이라고 해도 말이다. 멀리 떠나고 싶다면 주저하지 말고 떠나라. 휴식과 여유도 삶에서 중요한 부분이다. 결혼을 하고 싶지 않다면 하지 마라. 결혼한다고 꼭 행복하다는 법도 없고, 결혼하지 않는다고 해서 불행해지지도 않는다. 이직하고 싶거나, 퇴사하고 싶다면 해라. 남들이 뭐라고 하든 스스로 후회하지 않으면 된다. 그리고 물론 투자를 해서 돈을 벌고 싶다면 그렇게 해라. 다만 남들이 모두 하기 때문에 맹목적으로 따라 하는 것이 아니라 자신이 좋아서 해야 한다.

과연 이상적인 삶이란 어떤 것일까? 내가 생각하는 이상적인 삶이란 '자신에 대해 쉽게 정의내리지 않고 자신이 원하는 모습대로 살아가는 것'이다.

남들과 조금 다르게 살면 또 어떠한가?

Z세대와
무엇을 겨룰 수 있을까?

#1

얼마 전 친구와 함께 연극을 보러 갔다. 1991년생인 이 여사친은 결말 부분에서 뜨거운 감동의 눈물을 흘리고는 집에 가는 길에 부모님께 드린다며 연극 표 두 장을 더 샀다.

왜 연극 표를 선물하려고 하냐고 물었더니, 그녀는 웃으며 부모님께 '중년'의 즐거움이 무엇인지 알려 드리고 싶어서 그런다고 대답했다.

잠시 멍했지만 이내 그녀의 말을 이해했다. 그렇다. 1990년생이면 소위 말하는 '이립(而立)'의 나이. 우리는 어느새 서른이 넘어 있었다. 하지만 나는 곧 죽어도 삼십 대가 '중년'의 시작이 될 수 있다는 걸 인정하고 싶지 않았다. 사실 입으로는 절대 인정하지 않는다고 말해도 내 몸이 진실을 말해 주고 있지만 말이다.

또 얼마 전에는 친구가 스키장에 가자고 해서 흔쾌히 따라나섰다. 스키장에 도착한 뒤 나는 스키를 선택했다. 친구들은 요즘 다들 보드를 타지 스키는 어르신들이나 타는 거라며 놀려댔고, 나는 기어들어 가는 목소리로 변명 아닌 변명을 했다.

"내가 처음 배울 때 스키로 배워서 그래…."

그리고 이 못된 친구들은 나를 상급자 코스로 데려가서는 이렇게 말했다.

"괜찮아. 우리가 옆에 있으니까 안심해. 네가 속도만 내지 않으면 위험할 건 하나도 없어. 아니, 속도 내지 말라니까 왜 그렇게 빨리 가는 거야! 야! 천천히 가! 조심해…!"

솔직히 뒤에서 친구가 뭐라고 하는지 하나도 들리지 않았다. 나는 이미 빠른 속도로 내려가고 있었으니까. 내 스키 실력을 자랑하고 싶은 생각은 전혀 없었다. 단지 멈추는 법을 몰랐을 뿐…. 결론만 이야기하자면 나는 그날 엉덩이로 스키장 눈을 거의 다 쓸다시피 하며 내려왔다.

비슷한 시기 동료들이랑 쌘야(三亞)에도 놀러 간 적이 있는데, 그때 한 요트 선장님이 바다에 나가서 서핑을 하지 않겠느냐고 물었다. 1996년생 후배들은 서로 눈치만 보다가 결국 아무도 나서지 않았다. 나는 꽉 찬 서른이 된 90년대생 인생 선배로서 솔선수범해야겠다는 생각이 들었다. 그래서 구명조끼를 입고 모든 사람들의 격려와 환호를 받으며 당당히 배에 올랐다. 그리고 바다 한가운데로 나가 용감하게 서핑 보드를 들고 바다에 뛰어들었다. 그리고 그 후로 이십여 분을 물속에서 나오지 못했다. 그날 바닷물을 얼마나 많이 마셨던지….

#2

언제부터인가 체력이 더 이상 예전 같지 않음을 느낀다. 요새 균형 감각이 영 떨어지는 것도 아무래도 나이를 먹어서 그런 것 같다. 주변 친구들의 이야기를 들어 보면 다들 사정은 비슷했다.

고등학생 시절, 농구를 할 때면 아주 높이 뛰어오른 채 공을 던져 공이 완벽한 포물선을 그리면서 떨어지게 하는 것을 좋아했다. 공이 골대로 들어갔는지 안 들어갔는지는 별로 중요하시 않았다. 동작만 멋있으면 그만이었다. 저 멀리서 예쁜 여학생들이 지켜보고 있었으니까. 그런데 지금은 농구를 할 때 굳이 뛸 필요가 없다면 나서지 않고 얌전히 있는 편이다. 골이 들어가는지 안 들어가는지는 중요하지 않다. 중요한 건 내가 살아서 경기장을 나가는 것이니까. 예쁜 여학생이 지켜보고 있든 말든 이제는 중요하지 않다. 내가 다치면 가장 먼저 달려와 나를 걱정해 줄 사람은 여학생이 아니라 내 동료들일 테니까.

"괜찮아? 아직 살아 있는 거지? 글은 다 쓰고 쓰러진 거야?"

이렇게 감동적일 수가.

언젠가 '사람은 언제부터 늙기 시작하는 거냐'는 질문을 받은 적이 있다. 이 질문에 대한 답이 무엇인지 이제는 알 것 같다. 바로 '사람이 이해득실을 따지기 시작하는 순간'부터다.

이해득실을 따지는 것이 꼭 나쁜 일만은 아니다. 어린아이들이나 사랑을 따지지 어른들은 대가를 계산한다.

한 친구가 이런 말을 했다. 90년대생이 맞선을 볼 때 더 이상 사랑 따위는 중요하지 않다는 것이다. 대신 잘 정리된 표 한 장을 건네며 이렇게 말한다고 했다.

"본인에게 해당하는 항목이 있으면 표시해 주세요. 감사합니다."

90년대생들은 이제 직장에서 책임자급 이상의 중책을 맡고 있고, 아니면 창업해서 성공한 경우도 많다. 결혼해서 가정을 꾸리기도 하고, 탈모가 시작되기도 하고, 하루 술을 거하게 마시면 다음날 정신을 못 차리겠고, 일주일에 한 번 헬스장에 갈까 말까 하고, 새벽 네 시만 되면 눈이 뜨이기는 하지만, 우리 90년대생들은 정말 열심히 살고 있다.

그럼에도 이미 00년생들이 치고 올라오고 있고, 95년생들은 이미 90년대생을 제치고 사회의 주류로 앞서 나가고 있다.

그럼 이제 서른이 된 사람들은 어떻게 살아야 할까? 내가 요즘 문득 깨달은 바가 있는데, 그 내용을 함께 나누고자 한다.

나이가 들수록 반드시 명심해야 하는 것이 두 가지 있다.

1〉 나이가 들수록 Z세대와 체력으로 겨루려고 하지 마라

스키, 스카이다이빙, 번지점프 같은 스포츠는 자신이 정말 하고 싶거나 좋아하는 것이 아니라면 어린 친구들을 억지로 따라 하지 마라. 괜히 했다가 잘못해서 넘어지기라도 하면 회복하는 데 족히 한 달은 걸리고 뼈라도 부러지면 몇 달 동안 꼼짝 못 하게 될 수도 있다.

차라리 옆에서 대신 계산해 주거나 계산하지 않는다면 물이라도 두 병 사 주며 '정말 대단한데!'라고 격려해 줘라.

2〉 나이가 들수록 Z세대와 감정적으로 겨루려고 하지 마라

Z세대 친구들은 술을 마시고 울면서 진상을 부려도 다음 날이면 금방 회복한다. 하지만 서른이 넘어서는 아니다. 술을 진탕 마시고 다음 날 술을 끊겠다고 맹세한들 아무 소용이 없다. 술은 마시지 않되 사람들을 불러 적당한 술자리만 만들어 줘도 충분하다. 어린 친구들은 감정을 마음껏 발산해도 괜찮지만, 서른이 넘으면 절제가 필요하다. 감정이 넘쳐나기보다는 돈이 넘쳐나는 삼십 대를 목표로 삼아라.

그렇다면 어린 친구들과는 무엇을 겨룰 수 있을까?

나는 이 문제에 대해 한참을 고민했다. 그리고 다음과 같은 결론을 내렸다.

① 이성

이성의 첫 번째 법칙은 자신의 한계를 인정하는 것이다. 이것은 삼십 대에 접어드는 모든 사람들이 반드시 마음에 새겨야 할 덕목이다. 나는 최근에 '잘 모르겠어' 혹은 '나는 못 해'라는 말을 자주 한다. 사실 지금은 못 한다고 말하는 일들을 어렸을 때는 가장 먼저 나서서 하고는 했다. 예를 들면, 마라톤에 참가한다거나 농구팀에 지원한다거나 하는 일 말이다.

서른 살이 되고 보니 이제는 내가 무엇을 좋아하고 잘하는지, 그리고 무엇을 싫어하고 잘 못하는지를 점점 더 명확하게 알게 되었다. 예로, 익스트림 스포츠가 나랑 잘 맞지 않는다는 걸 확실히 알게 되었다. 이러한 과격한 운동보다는 조용히 책을 읽거나 글을 쓸 때 훨씬 더 큰 즐거움을 느낀다. 그렇다고 운동을 싫어하는 것은 아니다. 다만 하루 운동을 하고 나면 다음 날 온몸이 쑤셔서 아무것도 할 수 없기 때문에 가급적 자제하려는 것이다.

이성의 두 번째 법칙은 '아니'라고 말하는 용기다. 일정한 나이가 되면 나에게 해가 되는 일 또는 사람에게 '아니'라고 말할 수 있어야 한다. 과거에 아무리 오래 알고 지낸 사람일지라도 필요하다면 '아니'라고 말하는 용기가 필요하다.

인터넷에서 이런 글귀를 본 적이 있다.

똑똑한 사람은 십 대에 자신이 평범하나는 것을 깨닫고,

이십 대에 자신의 부모가 평범하다는 것을 알며,

삼십 대에는 자신의 자녀가 평범하다는 것을 깨닫는다.

어떻게 보면 조금 슬픈 글이기도 하지만, 자신을 이해하는 깊은 지혜를 담고 있기노 하다.

사람은 나이가 들수록 자신이 어떤 사람인지를 잘 알아야 한다. 다른 사람들의 평가가 아니라 나 스스로 자신이 어떤 사람인지 이해해야 한다. 자신이 어떤 사람이고 무엇에 적합한 사람인지 잘 알아야 세상 만물에서 오는 온갖 유혹을 구분하고 진정한 자신의 모습으로 살아갈 수 있다.

② 지혜

우리가 Z세대 친구들과 겨룰 수 있는 두 번째는 바로 '지혜'다.

데이터, 정보, 지식의 관계는 피라미드 형태로 나타낼 수 있다. 맨 아래층에 면적이 가장 넓은 부분에는 '데이터'가, 한 층 위에 면적이 비교적 작은 부분에는 '정보'가, 그리고 가장 위층에 면적이 더욱 작은 부분에는 '지식'이 있고, 피라미드의 꼭짓점에 바로 '지

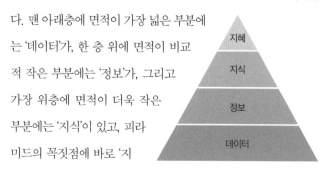

혜'가 있다.

흔히 '지혜'를 '정보'와 같은 것으로 착각하는 사람들이 있다. 그래서 인터넷에서 온갖 뉴스와 영상을 찾아보며 다량의 의미 없는 정보들을 수집한다. 하지만 엄연히 정보는 지혜가 아니다. 이러한 얄팍한 정보로는 절대 Z세대와 겨룰 수 없다. 아마 우리가 아는 것을 그들은 훨씬 더 빨리 그리고 더 많이 알고 있을 테니까 말이다.

어느 날, 2005년에 태어난 어린 친구가 《금병매(金瓶梅)》에 대해 어떻게 생각하느냐고 내게 물은 적 있다. 그때 이런 생각이 들었다. 우리가 얻는 정보와 어린 친구들이 얻는 정보는 출처나 내용 면에서 같을 것이다. 하지만 다른 점이라면 우리에게는 그들에게 없는 지혜가 있다. 그렇기 때문에 두 세대가 같은 정보를 얻는다고 해도 그것을 받아들이고 이해하는 면에서는 분명한 차이가 존재한다. 예를 들어, 온라인 게임업체 유주(Yoozoo)의 창업자 린치(林奇)가 독살을 당했다는 뉴스를 정보의 측면에서만 보면 슬프고 화날 만한 일이지만, 지혜의 측면에서 들여다 보면 회사를 경영하는 방식에 어떤 문제가 있었는지 이해해 볼 수 있다는 것이다. 정보는 수면 위에 보이는 물보라고, 지혜는 그보다 훨씬 더 깊은 곳에 있는 논리다. 이러한 논리는 시간의 흐름 외에도 일정한 경험이 쌓여야만 이해할 수 있다.

다시 말해 '누가 더 많은 것을 알고 있느냐'가 중요한 것이 아니라, '정보의 배후에 있는 논리를 이해하고 그것을 자신에게 적용할 수 있느냐'가 중요한 것이다.

사업에 큰 성공을 거두고 업계의 큰손이라 불리는 한 사업가와 가끔 식사를 함께 할 때가 있는데, 그는 언제나 최근에 일어나고 있는 일에 관해 놀라우리만큼 무지했다.

어느 날 그에게 이렇게 물어봤다.

"혹시 뉴스를 잘 안 보세요?"

"네. 잘 안 보는 편입니다."

"시대에 뒤처질까 봐 두렵지 않으세요?"

그러자 그가 웃으며 말했다.

"글쎄요, 아직까지는 괜찮은 것 같은데요."

그때 불현듯 이런 생각이 들었다. 알고 있는 정보가 많지 않아도 그는 이미 수십 억대 자산가였다. 과연 시시각각 모든 정보를 수집하고 알고 있다고 해서 그 사람이 시대에 뒤처지지 않을 거라고 말할 수 있을까? 중요한 것은 '얼마나 많은 정보를 알고 있느냐'가 아니라 '현재 나에게 있는 자원과 지혜를 활용해 더 큰 가치를 창출할 수 있느냐'다.

물론 이 글을 통해 서른 살 이전과 서른 살 이후의 삶을 완전히 구분 지으려는 의도는 없다. 고작 십 년 정도의 시간으로 사람을 구분하는 것은 적절하지 않다고 생각한다. 훌륭한 사람과 그렇지 못한 사람을 구분하는 기준이 나이가 될 수는 없기 때문이다.

다만 신체적인 나이가 삼십 대에 접어들면서부터는 전략이나 방법에 있어서 약간의 변화가 필요하다. 만약 지금까지 전력으로 질주해 달려왔다면, 이제부터는 끝까지 완주하는 것을 목표로 속도를 줄여야 한다. 또 지금까지는 밥 먹듯 밤을 새워서 일해도 괜찮았을지 몰라도, 이제부터는 하룻밤을 새우고 나면 다음 날 새롭게 시차 적응이 필요하다.

어떤 나이든 정신은 늘 깨어 있어야 한다. 단지 일정한 나이가 되면 자신의 신체 리듬에 적합한 방식을 찾는 것이 중요하다. 그렇지 않으면 하루 신나게 익스트림 스포츠를 즐기고 며칠 동안 꼼짝없이 누워 있게 될지도 모르니 말이다.

평생 공부하고
꾸준히 나아가는 것 외에
다른 선택은 없다

#1

서른 살이 되고 나서 문득 다시 학교로 돌아가 공부해야겠다는 생각이 들었다. 그래서 한 투자자의 제안에 따라 장강경영대학원(長江商學院) MBA 과정에 진학했다.

사실 얼마 전까지만 해도 공부가 더 필요하다는 생각을 하지 못했다. 웬만한 문제들은 책 속에서 답을 찾을 수 있다고 생각했기 때문이다. 게다가 나는 책 읽는 걸 좋아하기 때문에 굳이 이미 알고 있는 내용을 강의로 들을 필요가 있을까 생각했다. 그러나

막상 학교에 가서 강의를 듣다 보니 내 생각이 틀렸음을 깨달았고, 공부에 대한 새로운 인식이 생겼다.

첫 번째 강의는 심리학 수업이었다. 이틀에 걸쳐 이어진 강의 주제는 '어떻게 하면 마음의 회복력을 높일 수 있는가'에 관한 것이었다. 회복력이 없으면 빠르게 변화하는 비즈니스 세계에서 심리적으로 쉽게 무너지고 상처받을 수 있기 때문이다. 이틀 동안의 강의는 지루할 틈 없이 순식간에 지나갔다. 강의를 마치면서 교수님께서 추천 도서 목록을 주셨는데, 나는 목록을 보는 순간 깜짝 놀랐다. 목록에 적힌 열 몇 권의 책들이 이미 다 읽은 것들이기 때문이었다. 그중에는 독서 모임에서 함께 읽은 책들도 있고, 몇 번씩 읽어 내용을 거의 다 외우고 있는 책들도 있었다.

그러다가 머릿속에 문득 이런 생각이 들었다.
'분명 교수님이 강의하는 내용들은 내가 이미 알고 있는 것들인데 왜 새로운 지식처럼 느껴지는 걸까?'
나중에 이것이 바로 수업을 듣는 의미라는 것을 깨달았다. 책을 읽거나 인터넷 영상을 통해 얻는 것은 단순한 정보일 뿐 지식이라고 말할 수 없다. 단편적인 정보들이 한 무더기 있지만, 그것들을 한데 엮을 고리를 찾지 못하면 정보는 지식으로 발전하지 못한다. 정보를 흡수해서 자기 것으로 만들어야만 지식이 되고, 이러한 지식들을 하나로 연결할 수 있으면 지혜가 된다.

이것이 바로 내가 생각하는 '공부를 하는 의미'다. 공부란 책을 읽는 것 외에도 책을 통해 얻은 정보들을 누군가의 도움을 받아 하나로 통합하는 과정이다. 학생들이 학교에서 수업을 들어야 하는 이유도 이 때문이다. 인터넷 검색이나 영상을 보고 얻은 정보와 책을 통해 얻은 지식을 지혜로 만들어 주는 것이 바로 스승의 역할이다.

이때의 경험은 내게 많은 깨달음을 줬고, 페이츠 아카데미를 창업하게 된 계기가 되었다. 나는 단편적인 지식을 전달하는 수업이 아니라, 보다 입체적이고 체계적인 지식의 로드맵을 제공하고자 노력하고 있다. 그리고 이러한 로드맵을 통해 학생들이 크고 풍성한 지혜의 나무를 가꿀 수 있기를 바란다.

#2

그러나 모든 사람이 누구나 훌륭한 스승을 만나고 풍부한 교육의 기회를 누릴 수 있는 것은 아니다. 이런 경우 혼자서 실천할 수 있는 방법은 '능동적으로 사고하는 것'이다. 스스로 생각하고 관련 지식을 연계하는 것은 공부를 하는 데 있어 매우 중요한 과정이다.

예전에 영어 공부를 할 때 새로운 단어가 나오면 그전에 외웠던 유사한 단어들을 떠올리며 함께 외웠고, 이러한 단어들을 한데 모아 정리해 놓거나 예문을 만들어 보기도 했다.

예를 들면, 'abandon(버리다, 포기하다)'이라는 단어를 암기할 때 drop, give up, give in 등 비슷한 단어나 구문을 함께 떠올리며 외우는 것이다. 이것이 바로 능동적으로 사고하고 지식을 서로 연계하는 학습 방법이다.

마찬가지로 새로운 지식을 학습할 때 이미 알고 있는 오래된 지식을 끄집어내어 연계해서 생각할 수 있다면 학습 효과는 배가 된다. 예를 들어, 《백년의 고독》을 읽을 때 가르시카 마르케스가 말년에 쓴 작품인 《콜레라 시대의 사랑》과 비교하며 읽는다면 세상 만물에 대한 그의 시각과 사고가 어떻게 변화했는지 생각해 볼 수 있다.

지식과 지식이 서로 연결되면 그 내용은 머릿속에 더욱 명료하게 입력된다. 또한 여러 가지 학문의 경계가 무너짐으로써 사고의 세계가 더욱 다양하고 복잡해진다.

르네상스 시기 문화적인 흐름이 하나의 거대한 움직임으로 이어질 수 있었던 이유는 수많은 예술가, 과학자, 교수들이 한 곳에 모여 있었기 때문이다. 철학과 문학이 서로 충돌하고 과학과 종교 사이에 열띤 논쟁이 벌어지는 과정에서 사상의 혁신과 융합이 일어났다.

산발적인 정보와 지식을 하나로 연결하는 사고방식은 암기, 창작 등의 과정에서 아주 중요한 역할을 한다. 그런데 이러한 사고 능력은 저절로 얻어지는 것이 아니기에 능동적으로 생각하는 연습이 필요하다. 능동적인 사고는 뉴런과 뉴런을 연결하고 폐쇄 루프를 형성해 새로운 사고를 창조할 수 있도록 돕는다.

정보가 범람하는 시대에 지식의 양과 질은 더 이상 중요한 문제가 아니다. 그보다 더 중요한 것은 자신이 가진 지식을 어떻게 서로 연결할 것인가 하는 문제다.

당신이 가진 지식은 다른 사람도 갖고 있을 가능성이 크지만, 당신이 가진 지혜는 그렇지 않다. 다시 말해 몇 개의 단어만으로도 아름다운 문장을 만들 수 있고, 지식이 많지 않아도 자신만의 독창적인 세계관을 창조할 수 있다. 정보화 시대에는 정보의 양보다 정보의 질과 깊이를 추구해야 한다. 자신이 알고 있는 것을 지혜로 만드는 것이야말로 이 시대에 꼭 필요한 공부 방법이다.

#3

경영대학원을 다니면서 함께 공부한 동기들을 통해서도 많은 것을 보고 느꼈다. 그들 한 사람 한 사람이 내게는 살아 움직이는 교과서 같았다. 사실 장강경영대학원에 다닐 정도면 어느 정도 경제적인 자유를 이룬 사람들이라는 걸 알 수 있다. 실제로 그들은 대부분 재벌 2세거나 기업의 고위 임원이거나 혹은 창업을 한 사람들이었다.

강의 첫날, 내가 큰 배낭을 메고 강의실에 들어서자 한 동기가 물었다.

"혹시 IT업계에 종사하세요?"

내가 의아한 표정으로 되물었다.

"네? 왜요?"

그녀가 말했다.

"보통 IT업계에서 일하는 분들이 이런 큰 가방을 메고 다니잖아요."

내가 웃으며 말했다.

"아니에요. 저는 글을 쓰는 사람입니다."

그녀는 당황한 듯 어색하게 웃으며 말했다.

"아, 그렇군요."

나는 분위기가 더 어색해지기 전에 얼른 그녀에게 물었다.

"그쪽은 어떤 일을 하시죠?"

그녀가 대답했다.

"저는 의료기기 사업을 해요."

이번에는 내가 어색하게 웃으며 말했다.

"아, 그렇군요."

그날 저녁, 나는 그녀에게 의료기기와 관련된 여러 가지 질문을 했다. 덕분에 그동안 잘 알지 못했던 새로운 분야에 대해 이해할 수 있었고, 글쓰기 소재도 한층 더 풍부해졌다.

앞서 말했듯 MBA 과정을 듣는 사람들은 대개 경제적으로 여유가 있는 사람들이다. 그중에는 소위 말하는 재벌 2세들도 있고, 자수성가한 사람들도 있다. 이렇게 출신과 배경이 모두 다른 사람들이 한자리에 모여 수업을 듣고 공부하며 서로가 서로를 통해 배우고 있다.

사실 이미 사회적으로 어느 정도 성공한 사람들이 다시 강의실에 앉아 지각을 걱정하고 교수님의 강의를 듣는 것이 결코 쉬운 일은 아니다. 내 옆에 앉은 재벌 2세 형님 하나는 늘 허허 웃으며 이렇게 말했다.

"늙어 죽을 때까지 배움은 끝이 없는 거야."

누군가는 '노력할수록 더 뛰어난 사람이 된다'라고 말한다. 하지만 이보다 더 무서운 건 '뛰어난 사람일수록 더 많이 노력한다'는 말이다. 이미 나보다 뛰어난 사람이 나보다 더 많이 노력한다니 대체 그런 사람을 어떻게 따라잡는단 말인가.

동기들 중에는 집안 대대로 이어져 온 가업을 물려받을, 소위 금수저들이 많았다. 하지만 그들은 여전히 공부하고 있고, 심지어 평생 공부를 계속하겠다고 한다. 그러니 이런 사람들이 비상하기 시작하면 일반 사람들은 그들의 그림자조차 보기 힘든 것이다.

그러나 처음부터 금수저를 물고 태어난 부류보다 내 마음을 더 사로잡은 부류는 바로 자신의 노력으로 자수성가한 사람들이었다. 그들은 대부분 가난한 시골에서 도시로 올라와 피나는 노력으로 자신의 사업을 일군 사람들이다. 힘들게 시작했지만 이제는 경제적인 자유를 실현해서 쟁쟁한 재벌 2세들과 어깨를 나란히 하고 있는 것이다.

우리는 자신이 어떤 환경에서 태어날지 선택할 수 없다. 하지만 두 번째 선택은 우리의 몫이다. 그리고 이 두 번째 선택에 있어서는 성공하든 실패하든 최소한 후회는 없어야 한다.

어쨌든 우리는 평생 배우고 공부해야 한다. 학교를 이미 떠났다고 해도 공부의 힘을 과소평가해서는 안 된다.

사람은 자신이 알고 있는 수준 이상의 돈을 벌 수 없고, 어쩌다 운이 좋아서 번 돈은 세상이 언젠가 거두어 가게 되어 있다. 우리 삶을 바꿀 수 있는 유일한 방법은 평생 배우고 공부하는 것, 즉 정보와 지식을 쌓고 이것을 지혜로 바꾸는 일뿐이다. 평생 공부하고 앞으로 꾸준히 나아가는 것 외에 다른 선택은 없다.

당신이
더 **나은** 사람이 되고 있다는
10가지 증거

#1
통장 잔고가 늘어나고 있다

《경제적 자유로 가는 길》이라는 책을 읽어 봤다면 행복의 제1 조건이 저축이라는 것을 알 수 있다. 우리 부모님 세대는 저축을 정말 열심히 했다. 하지만 지금 세대는 어떻게 된 일인지 '마이너스 부자'들이 가득하다. 다들 일단 돈을 끌어다 쓴 뒤에 현재의 노력으로 과거의 소비를 상환하는 식이다. 하지만 이는 결코 좋은 습관이 아니다. 매달 수입의 10퍼센트를 은행에 저축하거나 투자 상품에 넣어 놓고 완전히 잊어버리는 쪽을 추천한다. 그렇게 1년만 저축을 해도 금방 목돈을 마련할 수 있다. 그리고 이 돈은 새로운 직장을 찾거나 창업을 하려고 할 때 든든한 뒷받침이 되어 줄 것이다.

좋은 저축 습관은 인생에 안정을 선물하고 삶을 보다 주체적으로 살 수 있게 도와준다. 졸업한 지 벌써 몇 년이 지났는데 모아 놓은 돈이 하나도 없다면 반드시 경각심을 갖되 너무 걱정하지는 마라. 지금부터라도 꾸준히 돈을 모으는 습관을 기르면 된다. 먼저 열심히 일해서 능력을 키우고 돈이 어느 정도 모이면 자신이 하고 싶은 일을 하는 것이 일의 순리다.

만약 지금 당신의 통장 잔고가 늘어나고 있다면 그건 당신의 삶이 더 나은 방향으로 발전하고 있다는 의미다.

#2
자발적으로 일찍 자고 일찍 일어나는 습관이 생겼다

여기에서 중요한 것은 '자발적'이라는 단어다. 예전에 심리치료사인 친구가 우울증을 치료하는 가장 좋은 방법은 우울증을 앓는 사람에게 약간의 '통제감'을 느끼게 하는 것이라고 말한 적이 있었다. 내가 통제감이 무엇이냐고 물었더니, 자신의 인생을 통제할 수 있다는 느낌이라고 설명했다. 예를 들면, 누가 시키지 않아도 스스로 일찍 일어나고, 스스로 운동을 하고, 스스로 독서를 하는 자발적인 행위가 바로 통제감이다.

사실 일찍 자고 일찍 일어나는 일이 그리 대단한 일은 아니다. 그러나 이 일을 수년 동안 매일같이 자발적으로 한다는 건 정말 대단한 일이다. 다시 말해 출근하는 날도 아니고 누가 시키지도 않았는데 스스로 일찍 자고 일찍 일어나 아침 시간을 활용해 무엇인가 해 보겠다는 의지가 정말 대단하다는 의미다.

내가 내 인생의 주도권을 갖고 규칙적이고 즐겁게 생활하고 있다면, 그건 당신이 더 나은 사람이 되고 있다는 증거.

#3
자신의 불완전함을 받아들일 수 있게 되었다

사람은 누구에게나 숨기고 싶은 단점이 있다. 그러나 훌륭한 사람은 이러한 단점은 전략적으로 숨기고, 자신이 가진 장점에 포커스를 맞춘다. 이렇게 했을 때 좋은 점 두 가지가 있다. 첫째는 자신감을 가질 수 있고, 둘째는 지금 하고 있는 일에 자신의 장점을 더욱 잘 발휘할 수 있다는 점이다.

하지만 그렇다고 그들이 자신의 단점을 모르는 것은 아니다.

사실 나이를 먹을수록 자신의 불완전함을 받아들이는 일은 쉽지 않다. 하지만 자신의 불완전함을 기꺼이 받아들일 때 비로소 인생이 완전한 방향으로 나아갈 수 있다.

이십 대에는 자신의 불완전함을 받아들이고, 삼십 대에는 부모의 불완전함을 받아들이고, 사십 대에는 자녀의 불완전함을 받아들여야 한다고 했다. 불완전함 또한 일종의 미덕이다.

탈 벤 샤하르의 《완벽주의자를 위한 행복 수업》에는 완벽주의자에 대해 이렇게 나와 있다.

1. 실패를 두려워하고 불안의 소용돌이에 쉽게 빠진다.

2. 모두 있거나 아예 없거나 지나치게 극단적이다.

3. 과정은 무시하고 결과만 중시한다. 비현실적인 목표를 설정해 놓고 현재를 즐기지 못한다.

완벽주의에서 벗어나 행복을 찾는 방법은 자신의 불완전함을 받아들이고 다음과 같은 세 가지를 실천하는 것이다.

1. 실패를 받아들인다.
2. 모든 감정을 기꺼이 받아들인다.
3. 감사하는 마음을 가진다.

#4
인생에 해가 되는 친구를 끊어 냈다

당신이 빠르게 성장하기 시작하면 과거 자신이 속했던 환경에 점점 이질감을 느끼게 되고, 가까웠던 사람들과도 조금씩 멀어지게 된다.

과거에는 평범했지만 이제는 스타가 된 친구가 이런 고충을 털어놓은 적이 있다. 자신이 유명해진 이후에 돈을 빌려달라고 찾아오는 친구들이 많아졌는데, 빌려주지 못하겠다고 하면 마구 욕설을 퍼붓는 이들도 있다는 것이다.

내가 물었다.

"그래서 어떻게 했어?"

그가 말했다.

"아무것도 안 했어. 그런 친구들은 내가 굳이 끊어 내려고 하지 않아도 자기들이 먼저 절교하자고 나서거든. 절교하자면 하는 거지, 뭐 대단한 일이라고. 나는 그냥 내 길을 계속 가기만 하면 돼. 진정한 친구라면 언젠가 다시 만나게 되겠지."

#5
꾸준히 운동하고 독서하는 습관이 생겼다

운동과 독서는 기분전환을 할 수 있는 가장 효과적인 방법이다. 운동과 독서는 도파민 분비를 돕고 지식에 대한 욕구를 충족시켜 줄 뿐만 아니라 다양한 행복을 느낄 수 있게 해 준다.

종일 누워만 있는 사람은 러닝머신 위에서 땀 흘리며 뛰었을 때의 즐거움을 알지 못한다. 마찬가지로 책을 읽지 않는 사람은 머릿속에 다양한 지식으로 가득 찬 사람들이 보는 세상을 보지 못한다. 물론 아무것도 하지 않고 누워 있는 것이 가장 행복한 사람도 있겠지만, 그 행복은 오래가지 못한다.

#6
자신만의 콘텐츠를 꾸준히 만들기 시작했다

이 세상은 자신의 생각과 의견을 표출하는 사람들의 손에 달렸다. 아무것도 표출하지 않고 표현하지 않으면 세상은 나쁜 놈들의 손에 넘어가게 되어 있다. 나쁜 놈들에게 발언권을 빼앗기지 않으려면 규칙적이고 꾸준하게 자신의 생각이나 의견을 표출해야 한다. 블로그에 글을 쓰고 틱톡 영상을 올리는 등 자신이 할 수 있는 모든 능력을 동원해 콘텐츠를 만들어라. 처음에는 아무도 보지 않을 수도 있지만, 꾸준히 하다 보면 점점 보는 사람들이 많아질 것이다.

#7
매끼 식사를 잘 챙겨 먹는다

사람이 자신의 삶을 적극적으로 살아가고 있다는 가장 기본적인 증거는 무엇일까? 바로 매끼 식사를 잘 챙겨 먹는 것이다. 식사를 잘 챙겨 먹는다는 것은 바깥에서 사 먹는 것을 줄이고, 가급적 하루 세끼 모두 스스로 챙겨 먹는 것을 의미한다. 식섭 식새료를 고르고 레시피를 찾아서 요리하는 것이다. 또 설탕 섭취를 줄이고 고단백질 식품과 채소를 많이 섭취하며 건강한 기름을 사용해야 한다. 바깥 음식을 자주 사 먹으면 살이 찌기 쉽고 정신적으로 피폐해지게 된다.

몸은 마음을 담는 중요한 캐리어다. 그러니 건강한 몸을 잃으면 모든 것을 잃게 된다. 여기에서 중요한 포인트는 이러한 생활 습관을 '자발적으로' 만들어 나가야 한다는 것이다. 자발성이야말로 건강한 인생을 만드는 가장 중요한 열쇠다.

#8
세상에 감사한 마음을 갖게 되었다

SNS에 매일 감사 일기를 쓰는 친구가 있다. 오늘은 아버지께 감사하고, 내일은 아내에게 감사하고, 모레는 아이들에게 감사하고⋯. 처음에는 그 친구가 사이비 종교에 빠진 줄로만 알았다. 그러나 나중에 비로소 깨달았다. 감사한 마음을 말로 표현하거나 글로 쓰지 않으면 마땅히 감사해야 할 일이 아무것도 아닌 일이 되고 점점 당연하게 받아들이게 된다는 것을 말이다.

우리는 세상의 수많은 위대한 발견과 발명을 너무나 당연하게 받아들이는 경향이 있다. 그러다 보면 세상일에 별다른 감흥을 느끼지 못하고, 예리한 통찰력을 갖기 힘들다.

나는 그 친구를 따라 주변 사람들과 나에게 벌어지는 모든 일들에 감사를 표현하기 시작했다. 일단 감사한 마음을 말로 표현하고 나니 세상이 더욱 따뜻하게 느껴졌다. 처음에 아버지께 '정말 감사합니다'라고 말씀드렸을 때는 약간 당황스러워하셨지만, 곧 익숙해지셔서 나중에는 '아들아, 고맙다'라고 말씀해 주시기도 했다.

이처럼 감사한 마음을 갖고 살아가면 인생에 큰 변화가 찾아온다. 사실 감사는 감사를 받는 사람보다 표현하는 사람에게 더 이롭다. 감사를 표현하는 사람은 감사를 받기만 하는 사람보다 행복감이 높다는 연구 결과도 있다. 심지어 명상을 하며 자신의 신체 부위에 감사를 표현하면 행복이 더 오래 지속된다고 한다.

#9
혼자의 의미를 깨닫게 되었다

사람은 원래 고독한 존재다. 그러나 모든 고독한 순간에는 의미가 있다.

우리는 고독한 시간을 통해 한 단계 더 성장하고, 내면의 소리에 더욱 귀를 기울이게 된다. 그런데 대부분의 사람들은 고독을 견디지 못하고 누군가와 늘 함께 있기를 원한다. 그러느라 정작 자신의 내면에서 들려오는 소리에는 귀 기울이지 못한다.

'너는 어떤 인생을 살고 싶니? 네 삶의 의미는 무엇이니?'

사람은 누구나 마지막에는 혼자가 된다. 진정한 인생의 고수는 혼자 있는 것에 익숙하고, 혼자 있는 시간을 즐기며, 이 시간을 통해 더 나은 자신의 모습을 발견한다. 만약 나에게 고독의 의미를 묻는다면, 고독은 '자기와의 대화'라고 말하고 싶다. 고독은 시끄럽고 번잡한 세상에서 자신의 영혼과 마주하는 가장 좋은 방법이다.

#10
집착을 내려놓음을 이해하게 되었다

모든 고통은 어떤 일이나 사람에 대한 집착으로부터 비롯된다. 집착과 끈기는 다르다. 끈기는 그 일이 이루어질 수 있다는 것을 알고 버티는 것이지만, 집착은 이루어질 수 없다는 것을 분명히 알면서도 매달리고 있는 것이다.

집착을 내려놓는 것이야말로 성공을 향한 첫걸음이다. 사랑하지만 함께할 수 없는 사람에 대한 집착과 더 이상 내 힘으로 바꿀 수 없는 일에 대한 집착을 내려놓을 수만 있다면, 당신은 지금보다 훨씬 더 나은 사람으로 거듭날 수 있다.

#지금

내 인생에서
가장 젊은 순간

기회는
다시 돌아오지 않을 수도 있다

#1

사람들은 우멍다(吳孟達)에게 마지막으로 한 번 더 속아 넘어 갔다.

한 프로그램에서 사회자가 우멍다에게 이렇게 물었다.

"혹시 저우싱치(周星馳, 주성치)와 또 한 번 작품을 같이 해 볼 생 각이 있으신가요?"

사실 이 문제는 두 배우가 정할 수 있는 문제가 아니다. 배후 에 자본, 제작자, 감독, 캐스팅, 극본 등 모든 요소의 합이 맞아떨어져야 가능한 일이었다.

우멍다는 이렇게 대답했다.

"제가 아직 살아 있고 그 친구도 아직 은퇴를 하지 않았으니 좋은 기회가 생길 수도 있죠."

관중석에서 박수 소리가 들려왔다. 사람들은 마치 두 사람이 이미 작품을 같이 하기로 결정된 것처럼 기뻐했다. 나는 기대에 찬 사람들을 보면서 생각했다. 과연 그 기회는 언제 찾아온다는 말인가?

이 글을 쓰기 몇 분 전 우멍다가 향년 70세의 나이로 세상을 떠났다는 소식을 접했다. 저우싱치가 곧바로 그를 추모하는 글을 발표했고, 많은 사람들이 온라인에서 그의 죽음을 애도했다. 우멍다가 이야기했던 '기회'는 더 이상 이루어질 수 없는 바람이 되었기에 안타까움이 더욱 컸다.

SNS에는 우멍다와 저우성치가 함께 찍은 영화의 장면을 캡처한 사진이 떠돌았다. 두 사람이 악수를 하고 있는 사진에는 이런 대사가 적혀 있었나.

나는 먼저 가네.
다음에 기회가 된다면 꼭 함께할 수 있기를 바라네.

이렇게 또 한 명의 스타가 우리 곁을 떠났다. 이루어질 수 없는 바람을 남긴 채.

어렸을 적 우상이 세상을 떠날 때마다 세월의 흐름을 실감한다. 내가 얼마나 나이가 많이 들었고, 부모님은 얼마나 늙으셨는지를 문득 깨닫게 된다.

어렸을 때 한 텔레비전 프로그램에서 우명다가 아이들 두 명과 함께 신나게 뛰는 모습을 인상 깊게 봤던 기억이 난다. 또 영화 속 저우싱치와 우명다의 익살스러운 연기는 광둥어 원어든 더빙이든 모두 긴 여운을 남겼다. 이게 벌써 십몇 년 전의 일이라니, 생각할 때마다 격세지감을 느낀다.

그 시절 90년대에 태어난 우리는 고작 열 몇 살밖에 되지 않은 어린 소년들이었다. 그런데 지금 그 소년들 중 벌써 누군가는 결혼을 해서 아이가 있고 대부분은 월세와 대출의 압박을 견디며 살아가고 있다.

사람들은 때때로 먼 미래를 생각하며 자신에게 아주 많은 날들이 남았을 거라고 장담한다. 그래서 무슨 일이든 일단 미루고 보는 경향이 있다. 그러다 문득 곁에 있던 누군가가 떠나고 나면 죽음이 생각보다 가까이 있음을 깨닫는다.

원래 모든 일에 반드시 기회가 찾아오는 것은 아니다.

#2

2020년, NBA 스타 코비 브라이언트의 갑작스러운 사망부터 우멍다의 죽음까지. 어렸을 적 우상들과 잇따른 이별을 경험하면서 사람이 일정한 나이가 되면 할 수 있는 게 많지 않다는 걸 느끼게 되었다. 우리 부모님 나이만 해도 그렇다.

나는 '서른, 모든 것은 이제부터 시작이다'라는 제목의 책을 쓴 적이 있다. 하지만 서른 정도 나이를 먹으면 대개 부모님 나이는 이미 우멍다 선생의 나이에 근접해 있다. 게다가 어르신들은 환갑이 지나면서 여러 가지 질환으로 건강이 안 좋아지거나 암과 같은 치명적인 병에 걸릴 확률도 높다. 그러니 그들에게 얼마나 더 많은 기회가 있을까?

대부분의 경우 우리는 스스로에게 다음에 또 기회가 있을 거라고 말한다. 이것은 어디까지나 '다음'이 있다고 믿기 때문이다. 그러나 나이가 듦에 따라 인생의 모진 풍파를 견뎌낸 몸뚱이는 쇠약해지기도 하고, 갑자기 파업을 선언하기도 한다. 우리의 영혼을 담고 있는 하드웨어가 휘청거리기 시작하면 그때부터는 더이상 어떤 기회도 논하기가 어렵다.

그러니 부모님께 효도할 시간이 그리 많지 않다. 더 나은 삶을 선물해 드리고, 더 넓은 세상을 보여 드릴 기회가 없을 수도 있다는 말이다.

그런데 사실 우리도 마찬가지다. 우리는 앞으로 아주 많은 일을 할 수 있는 시간이 남아 있을 거라고 생각하지만, 사실 남은 시간은 생각보다 많지 않다. 더욱이 소 잃고 외양간 고칠 기회는 더 이상 없을 수도 있다.

올해 스물아홉 살이 된 친구가 있다. 이 친구는 어렸을 때부터 흔히 말하는 '엄친딸'이었다. 그녀는 명문으로 손꼽히는 인민대학교 부속중학교를 졸업하고 칭화대학교에 들어갔다. 졸업 후에는 미국에서 대학원을 다녔고, 이후 투자은행에 취직해 억대 연봉을 받으며 일하고 있다. 모든 걸 다 갖춘 이 친구가 유일하게 이루지 못한 일은 바로 결혼이다. 그녀가 아직 싱글인 이유는 남자 보는 눈이 너무 까다로워서 그렇다. 그동안 여러 남자와 사귀어 봤지만 아직 마음에 드는 사람을 만나지 못했다.

그녀는 서른이 되기 전에 꼭 결혼을 하고 싶다고 했다. 그래서 1년 안에 결혼 상대를 찾기 위해 열심히 선을 봤다. 그녀는 자신이 원하는 조건들을 나열해 표로 만들어 놓고, 상대방이 그중 하나라도 만족하지 않으면 곧바로 거절했다.

그러던 어느 날 드디어 그녀의 마음에 드는 남자가 나타났다. 그런데 그녀가 원하는 조건에 딱 한 가지 부합하지 않는 항목이 있었다. 바로 키!

그녀는 남자가 자기보다 키가 작은 건 도저히 견딜 수가 없었다. 그날 저녁 남자 역시 그녀에게 호감을 표시했지만, 그 친구는 결국 거절하고야 말았다. 그날 이후 그녀는 다른 남자를 몇 명 더 만나 봤지만, 그 남자만 한 사람이 없다는 것을 깨닫고 그에게 다시 연락했다. 하지만 이미 남자는 다른 사람과 결혼을 약속한 상태였다. 안타깝게도 그 순간 그녀는 자신이 그 남자를 사랑하고 있다는 것을 깨달았다.

그녀가 울면서 내게 이 이야기를 할 때 나는 이런 말이 떠올랐다.

'사람이 일정한 나이가 되면 누구도 온전히 다른 누군가를 기다리지 못한다.'

나는 그녀를 위로하며 물었다.

"그래서 뭔가 깨달은 점이 있어?"

그 친구는 고개를 저으며 내가 무슨 말을 하는지 잘 모르겠다고 했다.

내가 말했다.

"너에게 앞으로도 시간과 선택의 기회가 많이 남아 있을 거라고 생각하지 마. 우선 결혼에 있어서 너에게 남은 기회는 많지 않아. 그리고 어쩌면 우리 인생을 통틀어 남은 기회가 많지 않을지도 몰라."

친구가 내 말을 제대로 이해했는지 모르겠다. 어쨌든 사람이 나이가 들수록 기회는 점점 줄어든다. 젊을 때는 앞으로 나아갈 수 있는, 무궁무진하고 뭐든 다 할 수 있을 것 같은 자신감으로 가득하다. 하지만 나이가 조금씩 들면서 자신의 평범함을 깨닫고, 시대가 허락한 길 외에는 갈 수 있는 길이 많지 않음을 실감하게 된다.

나는 학생들에게 이십 대 때 시행착오를 가능한 한 많이 겪어보라고 말한다. 나이가 들면 시행착오를 겪을 때마다 지불해야 하는 비용이 많아지기 때문이다. 그러나 안타깝게도 너무 많은 학생들이 시간을 일부러 지체하고 있다.

"서두를 필요 없어. 나는 아직 젊으니까 앞으로 기회가 많을 거야."

이렇게 스스로를 위로하면서 말이다.

모든 것은 언젠가 사라져 버린다는 것을 우리는 너무도 잘 알고 있다. 그렇다면 보고 싶은 사람이 있을 때, 하고 싶은 일이 있을 때, 가고 싶은 곳이 있을 때 왜 그 일을 지금 당장 하지 않는가? 저 언덕 너머에 무엇이 있는지 궁금하다면 왜 지금 당장 도전해 보지 않는가?

#3

우리는 미래를 생각하지 않을 수 없다. 대부분의 사람은 아주 긴 인생을 살 것이고, 생명은 우리가 생각하는 것보다 훨씬 더 강하다. 갑작스러운 사고만 없다면 사람들은 얼마든지 자신의 죽음을 늦출 수 있다.

그래서 사람들은 투자하는 법을 배우고, 미래에 대비하느라 현재의 행복을 자꾸만 나중으로 미룬다. 하지만 어린 시절부터 함께한 누군가가 갑작스레 세상을 떠나고 나면 새삼 두 가지 불변의 진리를 깨닫게 된다. 첫째, 사람은 언젠가 죽는다는 것. 그리고 둘째, 그 누구도 자신이 언제 죽는지 알 수 없다는 것을 말이다.

이성은 슬퍼할 필요 없다고 말한다. 이제 막 젊음의 날개를 펼치기 시작했으니 앞으로 살아갈 날이 훨씬 더 많다고. 하지만 슬픔은 말한다. 아무리 제 나이를 충분히 살고 간다고 해도 우멍다 선생처럼 이루지 못하고 흘려보낸 '기회'들이 수없이 많을 거라고.

그렇기에 나는 매일 가능한 여러 사람을 만나고, 할 수 있는 여러 가지 일을 하려고 노력한다. 중요한 것은 내가 좋아하는 일을 하고 내가 사랑하는 사람과 함께하는 것이다.

세월은 당신을 기다려 주지 않는다. 그러니 당신도 세월을 기다릴 필요 없다. 당신은 이미 세월 속에 있고, 때로는 빠르게 때로는 느리게 흘러가고 있는 중이다.

그러니 매일 후회 없이 살아가라. 그거면 충분하다.

세월을
헛되이 보내지 않으려면

#1

올해도 벌써 끝을 향해 달려가고 있다. 하던 일을 마무리하고 드디어 우한으로 출발했다.

나는 공항에 앉아 이어폰을 꽂고 음악을 들으며 새해를 맞이할 준비를 했다. 휴대폰에 있는 사진첩을 열어 올 한 해 무슨 일을 했나 살펴보는데, 올해 정말 많은 일을 했다는 생각이 들었다. 물론 그만큼 돈도 많이 벌었다. 나름 열심히 살았다고 생각했는데, 왜 그런지 나는 컴퓨터에 이렇게 써 놓았다.

우리는 세월을 헛되이 보내고 있다.

최근 베이징, 상하이, 광저우, 선전 등 대도시에서 가장 핫한 이슈는 '부자 되기'다. 부자가 될 수 있는 일이라면 먹고 자는 것도 잊은 채 너도나도 뛰어들고 있다. 부자가 된다면 물론 행복하겠지만, 나는 여기에 무언가 빠져 있다는 생각이 든다.

이번 새해에는 상황도 좋지 않으니 베이징에 머물러 있을 생각이었다. 그런데 문득 세월을 헛되이 보내고 있다는 생각이 스치면서 얼른 비행기 표를 끊고 고향에 내려가기로 마음먹었다.

공항은 무척이나 조용하고 한산했다. 어디에서도 연말연시의 떠들썩한 분위기 따위는 느껴지지 않았고, 몇몇 사람들만이 마스크를 쓰고 서둘러 출국장으로 발걸음을 옮겼다. 면세점에서도 손님을 거의 찾아보기 힘들었다. 직원들은 진열대에 기대어 휴대폰을 보고 있다가 내가 지나가자 고개를 들어 시큰둥하게 쳐다봤다.

사람들은 연초가 되면 주식 시장 동향을 확인하며 이런 질문을 던진다.

'올해 경제 동향은 어떨까?'

'올해 기업들의 실적은 어떨까?'

'올해 경제 리스크는 무엇일까?'

만약 내가 지금 이런 생각에 빠져 있다면 그야말로 세월을 헛되이 보내고 있는 것이다.

왜 이런 질문들은 하지 않는 걸까?

'올해는 얼마나 행복할까?'

'가족들 모두 행복한 한 해를 보낼 수 있을까?'

'올해는 더 많이 사랑할 수 있을까?'

'올해는 어디로 여행을 가 볼까?'

해가 지나면 나도 벌써 서른한 살이 된다. 최근 몇 년간 많은 친구들이 망가지고 추락하는 모습을 지켜봤다. 사실 대부분의 경우 자신이 뿌린 대로 거둔 것이니 누구를 탓할 일도 아니다.

주변 사람들이 하나둘 비즈니스 붐에 합류하고 있다. 매일 각종 모임에 참석해 새로운 사람들을 만나고, 최대 5천 명까지 등록할 수 있는 메신저의 친구 목록은 일찌감치 가득 차 버렸다. 하지만 정작 그 많은 친구들 가운데 진심으로 마음을 터놓고 이야기를 나눌 친구의 수는 점점 줄어들고 있다. 여럿이 모여 함께 먹고 마시며 신나는 시간을 보내도 마음속은 늘 고독하다. 입만 열면 다들 주식이니 펀드니 온통 돈을 버는 이야기뿐이다.

그렇다고 내가 다른 누군가를 평가할 입장은 아니다. 이러한 환경의 변화 속에서 나도 원래의 모습을 서서히 잃고 있으니 말이다. 조금 더 긍정적으로 말하면 이러한 환경 속에서 나 역시 비즈니스에 점점 익숙해지고 있다. 하지만 결코 좋아하는 것은 아니다. 어떤 모임에 멀끔하게 나타나 신나게 떠드는 사람이 있으면 나는 그를 취하게 만드는 데 정성을 다한다. 그래야 조금이라도 귀가 덜 따가울 테니.

경제가 빠르게 발전하면서 사람들은 돈과 점점 더 가까워졌지만, 마음과 마음은 점점 멀어지고 있다. 주가가 떨어지면 원통해하면서 인성의 추락을 보고는 애써 못 본 척한다. 그러나 이것이 크게 잘못된 일은 아니다. 기왕 세상에 태어났으면 부자로 사는 것이 더 좋지 않은가. 이렇게 사는 것이 무슨 잘못이라는 말인가? 하지만 오로지 돈을 벌기 위해 산다면 그것이 진정한 삶이라고 할 수 있을까?

나는 작년 한 해 하루도 쉬지 않고 일을 했다. 전날 아무리 술을 많이 마셔도 다음 날 아침에 일찍 일어나 컴퓨터를 켜고 글을 썼다. 비즈니스의 파도에 휩쓸려 하루도 온전히 나만의 시간을 갖지 못한 채 바쁘게 보냈다.

그러던 어느 날 리둥이 집에 찾아왔다. 그는 말없이 함께 밥을 먹고 술을 마셨다. 그러고는 기타를 치며 노래를 부르기 시작했다. 나도 우쿨렐레를 들고 그의 옆에서 익숙한 그 노래를 연주했다. 그날 밤 우리 두 사람은 아무 말 없이 청춘에 몸을 맡겼다. 눈물을 흘리며 음악의 선율을 따라 젊었던 그 시절로 돌아갔다.

그날 밤만큼은 내 인생에서 절대 헛되이 보내지 않은 시간이었다. 세월을 헛되이 보내지 않았다는 것은 얼마나 많은 돈을 벌었고 얼마나 많은 명예를 얻었는지를 통해 가늠하는 것이 아니라, 내면의 평안과 감동을 통해 아는 것이다. 이러한 평안과 감동은 정말 오랜만에 느껴 보는 것이었다.

#2

내 고향인 우한에 내려가는 건 정말 오랜만이었다. 베이징에 자리를 잡은 이후로는 행사가 있을 때나 한 번씩 집에 들러 부모님을 뵈었을 뿐, 사실 베이징이 내 집이라고 생각하고 산 지 오래나.

아버지가 암 진단을 받으셨을 때도 일 때문에 곧바로 내려가지 못하고 대신 고향에 있는 친구에게 이런저런 일을 부탁했다. 그리고 마침내 일을 끝내고 정말 오랜만에 우한에 갔다. 아버지는 어느 때처럼 공항에 마중을 나오셨다. 매번 말씀은 내려올 것 없다고 하셔도 내가 우한에 가면 이렇게 공항까지 직접 마중을 나와 따뜻하게 반겨 주신다. 아버지는 나를 보자마자 활짝 웃으시며 내 손을 꼭 잡았다.

얼마 전에 아버지에 관한 글을 쓴 적이 있었다. 많은 독자들이 아버지를 응원하는 댓글을 남겨 줬고, 나는 모든 댓글을 캡처해 아버지께 보내 드렸다. 아버지는 내가 보낸 글들을 모두 읽어 보시고는 본인도 힘을 낼 테니 나도 힘내라고 답장을 보내셨다.

다행히 아버지는 열심히 치료를 받고 계시고, 건강도 많이 좋아지고 계시다.

예전에 아버지께 이런 말을 한 적이 있다.

"아버지, 제가 열심히 일해서 돈을 많이 벌 테니 조금만 더 기다려 주세요. 이제 아들 덕에 호강 한 번 제대로 하셔야죠."

아버지의 형님 두 분 모두 암으로 돌아가셨고, 할아버지 할머니도 그 무렵 세상을 떠나셨다. 할아버지가 살아 계실 적에는 명절에 가족들이 모이면 온 집 안이 발 디딜 틈 없이 북적였고, 모두가 밥상에 둘러앉아 서로 술을 따라주며 덕담을 나눴다. 그러나 할아버지가 돌아가시고 나서 명절 분위기는 완전히 달라졌다.

사람들은 오로지 돈을 벌기 위해 열심히 달리고 있다. 그리고 대부분의 사람들은 돈을 벌고 있는 이상 세월을 헛되이 보내고 있지 않다고 생각한다.

최근 몇 년간 가족들이 모일 기회는 몇 번 있었지만, 그나마도 누가 돌아가시거나 태어나야 한 번씩 모인 정도였다.

나는 베이징에서 홀로 고군분투하며 일과 효도라는 두 마리 토끼를 모두 잡는 것은 사실상 불가능하다고 생각했다. 만약 부모님 곁에 계속 머물렀다면 베이징에 와서 큰돈을 벌 수 있는 기회도 없었을 테고, 오늘날의 나는 없었을 것이다.

이 글을 쓰고 있는 지금, 앞자리에 앉은 중년 남성이 타오바오에서 아이들 장난감을 검색하고 있는 모습이 보인다. 새해를 맞이해 아이들에게 줄 선물을 고르는 모양이다. 나는 배낭 속에 아버지께 드리려고 산 선물을 가만히 만져보며 지금 느껴지는 이 묵직함이 과연 사랑일까 생각했다.

분명한 건 사람이 재산이 많다고 해서 그만큼 더 많은 사랑을 받는 것은 아니라는 것이다. 아버지를 만나 조수석에 앉아 집으로 향했다. 아버지는 아무 말씀도 하지 않으셨지만 나는 아버지의 뜨거운 사랑을 느낄 수 있었다. 이렇게 함께 있는 것이야말로 최고의 사랑이라는 걸 새삼 깨달았다.

평생 다 쓰지도 못할 만큼 많은 재산을 모으는 것이 아닌, 사랑하는 사람 곁에 함께 있는 것이야말로 세월을 헛되이 보내지 않는 것이다.

#3

아버지 차를 타고 내가 다녔던 고등학교에 갔다. 교정에 들어섰을 때 한 쌍의 연인이 벤치에 앉아 있는 모습이 보였다. 두 사람은 마스크를 쓴 채 얼굴을 맞대고 있었다. 또 한쪽에서는 남학생들 여럿이 농구하고 있는 모습이 보였다. 그들은 틈틈이 마스크를 내리고 거친 숨을 몰아쉬거나 아예 벗어 버리기도 했다.

팬데믹은 일상의 많은 부분을 바꾸어 놓았고, 마스크는 우리 생활에 있어 없어서는 안 될 필수품이 되었다. 하지만 그럼에도 불구하고 우리 삶의 가장 보편적인 것들은 변하지 않았다.

나의 청춘을 돌이켜 보면 누군가를 뜨겁게 사랑한 시절이었고, 다칠 걱정 없이 높이 날아올라 덩크슛을 할 수 있는 시절이었으며, 마음껏 숨을 쉴 수 있는 시절이었다. 이렇게 흘러가 버린 세월은 다시 돌아오지 않는다. 돈을 버는 것과는 거리가 먼 시절이었지만, 그때야말로 세월을 가장 헛되이 보내지 않았던 때였다.

얼마 전에 친구가 농구를 하자며 불러냈다. 겨우 한 경기를 뛰고 나서 그가 웃으며 말했다. "나는 이제 수비를 입으로만 하고 있는 것 같아. 마치 크게 소리를 지르면 상대를 막을 수 있을 것처럼 말이야. 그리고 이제 농구를 하면 행여나 다치지는 않을까, 내일 출근은 할 수 있을까, 이런저런 걱정이 앞서네."

결국 우리는 공원 벤치에 주저앉았다. 그가 물 한 병을 건네며 다시 말했다.

"그거 알아? 나 지난주에 선 보러 나갔는데, 상대가 종이 한 장을 주면서 '실례지만 거기 표에 나와 있는 조건들 중에 해당하는 것에 표시해 달라'고 말하더라. 엄청 당황스러웠는데 일단은 표시해서 줬어. 그랬더니 그 여자가 갑자기 자리에서 일어나는 거야. '안녕히 계세요'라고 인사하더니 가 버렸어."

친구에게는 미안한 이야기지만 나는 폭소를 터트렸다. 그리고는 주머니에 손을 넣고 공원을 한 바퀴 돌기 시작했다. 걸으면서 그 친구에게 이렇게 말했다.

"난 그 여자도 충분히 이해가 돼. 사실 우리 정도 나이에 더 이상 시간을 낭비하고 싶지 않은 거겠지. 우리가 농구할 때 다치면 어떻게 하나, 내일 출근은 할 수 있을까 하고 걱정하는 거랑 똑같은 마음 아닐까? 그 여자도 우리도 이해득실을 계산하기 시작한 것뿐이야."

친구는 어른들의 세계는 다 그런 거냐며 한숨을 쉬었다.

계산하는 건 잘못이 아니다. 다만 이것저것 따지고 비교하다 보면 세월을 헛되이 보내기 쉽다.

서른이 넘으면서 우리는 조금 더 강인해졌고, 돈 버는 일에 관심이 더 많아졌으며, 책임감 있는 어른이 되었다. 어쨌든 계산하는 것을 좋아하게 되었다는 것 빼고는 좋게 변한 부분이 더 많다. 어쩌면 계산을 좋아하게 되는 순간 어른이 되는 건지도 모르겠다.

그렇다고 어른이 되면 다 나쁜 사람으로 변하는 건 아니다. 어른들도 어린아이와 같은 순수함을 간직할 수 있다.

그렇다면 세월을 헛되이 보내지 않는 방법은 무엇일까? 당신이 얼마나 많은 재산을 가졌는지, 얼마나 대단한 사업을 하고 있는지, 얼마나 멀리 가 봤고 얼마나 많은 곳을 가 봤는지는 상관없다. 지금 눈앞에 있는 사람을, 나에게 주어진 매일 매일을, 부모님과 함께 보내는 시간을 소중히 여기고, 자신의 책임을 다하면서, 진실하고 적극적으로 살아간다면 그것이 바로 세월을 헛되이 보내지 않는 방법이다.

부디 어디에서 무얼 하든 늘 처음과 같은 순수함을 간직할 수 있기를 바란다.

추억에
잠기다

#1

　연휴에 고향에 내려가 있는 동안 어머니를 모시고 시장에 간 적이 있다. 나는 시장에 들어서자마자 어렸을 적 자주 가던 국숫집을 발견하고는 귀신에 홀린 듯 가게 안으로 들어갔다.

　참깨 향이 가득한 국수 한 입을 먹자마자 속이 뻥 뚫리는 기분이었다. 우한에 도착하고 몇 시간이 채 지나지 않아 나는 고향에 돌아왔음을 실감했다. 원래 미식이라는 것이 대부분 고향을 생각나게 만드는 추억의 맛이다. 국수 한 그릇에 잠시 잊고 지내던 오래된 추억이 한순간에 모두 곁으로 돌아왔다.

국수를 다 먹고 어머니와 함께 이탈리아풍으로 꾸며 놓은 거리를 산책했다. 한참을 걷고 있는데 어머니가 갑자기 한 식당을 가리키며 말했다.

"아들, 잠깐만. 저기 가서 난(신장 위구르족 사람들이 즐겨 먹는 구운 빵-역주) 몇 개만 사 가자."

어머니는 곧장 나를 끌고 신장(新疆) 식당으로 들어갔다. 종업원들이 나오자 어머니가 말씀하셨다.

"난 세 개 따뜻한 걸로 주세요."

문득 어머니의 어린 시절 이야기가 떠올랐다. 어렸을 때 집이 가난해 늘 굶주려야 했던 어머니는 따끈따끈한 난을 먹을 수 있는 날만 고대했다고 했다. 잠시 후 어머니는 갓 구워낸 따뜻한 난을 들고 세상에서 가장 행복한 미소를 지었다. 나는 그 모습에서 어머니의 향수가 느껴졌다.

어머니는 신장 위구르 자치구에 위치한 이리(伊犁)에서 태어나 이리에서 군대에 입대했다. 그리고 나중에 아버지를 만나 결혼해 누나와 나의 교육을 위해 우한으로 오게 되셨다고 한다. 어머니는 그때 부모님과 영원히 이별해야 했다. 외할아버지와 외할머니 두 분 모두 내가 열 살도 채 되기 진에 돌아가셨기 때문이다. 어머니는 돌아가신 외할아버지 외할머니에 대해 이야기할 때 우스갯소리로 이런 말씀을 하신 적이 있다.

"옛날에 먹을 것이 없어 굶주릴 때 두 분은 정말 먹을 수 있는 건 뭐든 다 잡아먹었어."

비록 힘든 시절을 보냈지만 어머니는 고향이 그리운 것 같았다. 나는 시장에 들어서면 국수와 말린 두부부터 눈에 들어오지만, 어머니 눈에는 신장 요리와 양꼬치부터 보이는 것 같다. 난이나 군만두 냄새가 풍겨 올 때면 침을 꼴깍 삼키기도 하신다. 이것이 바로 추억의 냄새다. 추억 속의 그때로 돌아갈 수는 없지만 가끔 떠올리는 것만으로도 이토록 마음이 따뜻해진다.

고향을 처음 떠났을 때가 생각난다. 베이징에서의 내 첫 직장은 신동방 학원이었는데, 매일 고층 빌딩이 즐비한 중관춘 거리를 걸어 학원에 갔다. 사실 그때는 매일 일에 파묻혀 살았기 때문에 고향을 그리워할 새도 없었다. 그러던 어느 날, 혼자 길을 걷고 있는데 갑자기 배가 고파져서 식당들이 여러 개 모여 있는 쪽으로 갔다. 무엇을 먹을까 고민하며 식당들을 둘러보는데, '우한주주야'라는 오리집 간판이 눈에 들어왔다. 나는 갑자기 멍해졌다. 우한에 그렇게 오랜 시간을 살았지만 처음 들어보는 이름이었기 때문이다. 저우헤이야(周黑鴨, 유명한 오리 요리 체인점-역주)가 아니라 주주야라고? 나는 가게로 들어가 오리 반 마리를 주문하고, 종업원에게 사장님이 우한에서 오셨냐고 물었다. 그러자 종업원이 사장님은 충칭 사람이라고 대답했다. 나는 그럼 우한 어디에 주주야가 있느냐고 다시 물었다. 하지만 예상했던 대로 아무도 대답을 해 주지 못했다. 나는 오리 반 마리를 포장해 나와 버스 정류장으로 걸어갔다. 버스 정류장에 앉아 포장해 온 오리를 꺼내서 먹는데 나도 모르게 눈물이 쏟아져 나왔다.

그때 알았다. 내가 고향을 그리워하고 있다는 것을.

곧장 휴대폰을 꺼내 부모님께 전화를 드렸다. 그런데 아버지가 전화를 받자마자 보고 싶다는 말 대신 이 한 마디가 먼저 튀어나왔다.

"아버지, 저 직장 구했어요!"

#2

수백 억대 자산가인 한 기업체 사장님과 저녁 식사를 몇 번 한 적이 있다. 그에게는 식사를 대접할 때 특이한 루틴이 한 가지 있었다. 우선 1차는 늘 초호화 레스토랑에서 온갖 산해진미와 마오

타이 같은 고급술로 시작했고, 사람들이 많을 때 말도 정말 점잖게 했다. 그런데 재미있는 건 2차였다. 그는 내가 늦은 시간까지 남아 있는 날이면 나를 KFC나 맥도날드에 데려갔다. 그리고는 햄버거와 치킨 등 건강에 해로운 정크 푸드를 잔뜩 시켜서 먹었다. 그는 때때로 커다란 치킨 한 버킷과 라지 사이즈 콜라를 앞에 두고 닭 날개를 게걸스럽게 뜯으며 이렇게 말했다.

"야, XX! 이게 진짜 인생이지!"

그는 사업을 처음 시작했을 때를 추억하는 것 같았다. 그때는 매일 사무실에 틀어박혀 일하느라 제대로 밥 먹을 시간조차 없었기 때문에 하루에 한 번 패스트 푸드로 겨우 끼니를 때웠다고 했다. 사실 나도 배가 고프면 가장 먼저 생각나는 음식이 컵라면이나 KFC, 맥도날드 같은 정크 푸드다. 먹고 나서 체중계에 올라가는 순간 후회하지만 어쩔 수가 없다. 그의 말대로 이런 것이 바로 인생인가 보다. 당신이 좋아하는 음식이 바로 지난날의 내 모습인 것이다. 이처럼 추억은 한순간에 우리를 무너뜨리기도 한다.

하지만 추억이 당신을 망가뜨리게 놔둬서는 안 된다. 내게는 오래된 친구가 한 명 있다. 예쁘고 상냥한 여자친구인데, 안타깝게도 연애만 하면 늘 안 좋게 끝이 났다.

어느 날 오후, 남자친구와 또 헤어졌다는 그녀를 위로해 주다가 놀라운 사실을 알게 되었다. 그녀가 지금까지 만났던 남자친구들에게 공통점이 하나 있었는데, 바로 모두 별자리가 전갈자리였다는 것이다. 내 책을 읽어본 독자들은 알겠지만, 나는 별자리 같은 것에 큰 관심이 없다. 물론 별자리가 낯선 사람을 만났을 때 어색함을 해소하기 위한 좋은 대화 주제가 될 수는 있지만, 그 내용은 과학적으로 검증된 바가 없다. 그런데 어떻게 그동안 사귀었던 남자친구 네 명 모두 전갈자리일 수 있을까? 우연의 일치일까?

그녀와 조금 더 깊이 이야기하면서 알게 된 사실은 정말 놀라웠다. 그녀는 처음 만나는 남자가 자기소개를 하며 어떤 직장을 다니고 있고, 성격은 어떤지, 가족관계는 어떻게 되는지 이야기할 때는 아무렇지도 않다가 갑자기 남자가 자신의 별자리가 전갈자리라고 하면 자기도 모르게 미완성으로 끝난 옛사랑과 채워지지 않은 아쉬움이 떠올랐다. 그러면 그때부터 갑자기 그 남자에게 호감이 생기기 시작하고, 지난번 남자는 아니었지만 이 남자는 분명 내 운명의 짝일 거라고 스스로를 설득했다. 하지만 막상 연애를 시작해 보면 자신이 생각했던 것과 달랐다. 그렇게 이성이 제자리를 찾고 나면 한순간의 감정은 흐지부지 사라져 버렸다. 그러다 보니 새로운 사랑은 늘 새로운 상처와 아쉬움만 남긴 채 끝이 났다. 하지만 그 후에도 그녀는 계속 전갈자리 남자를 만나 사랑하고 또 미워하기를 반복하고 있다. 어쩌면 다음에도 또 전갈자리를 만날지도 모르겠다.

지나간 사랑에 대한 감정을 그대로 간직한 채 새로운 연애를 시작하고, 옛 추억으로 현재를 덮어 버리는 것은 상대방뿐만 아니라 자기 자신에게도 무책임한 행동이다. 그런데 이런 상황이 사랑을 할 때만 나타나는 것은 아니다. 우리 일상 속에서도 흔히 볼 수 있다.

과거의 실패에서 벗어나지 못한 채 오늘을 산다거나, 과거의 아픔을 간직한 채 내일을 맞이한다거나, 과거에 대한 감상에 젖은 채 미래를 향해 나아가는 것은 나의 오늘과 내일에 굉장히 무책임한 태도다.

#3

음식 이야기에서 사랑 이야기로 갔다가 다시 인생 이야기를 하는 등 다소 전개가 뒤죽박죽이었지만, 어쨌든 그 속에 담긴 이치는 모두 동일하다. 사람이 추억에 잠겨 잠시 마음이 약해질 수 있지만, 추억에 잠겨 헤어 나오지 못한다면 그 사람은 더 이상 발전할 수가 없다.

미국의 현대 철학가 키어런 세티야가 쓴 《어떡하죠, 마흔입니다》라는 책을 읽은 적이 있다. 책에는 중년 위기의 네 가지 전형적인 특징에 대해 설명했다.

첫째, 젊었을 때만큼 기회가 많지 않다는 것을 아쉬워한다.

둘째, 중요한 선택을 잘못한 것에 대해 후회한다.

셋째, 죽음에 대한 두려움이 생기기 시작한다.

넷째, 일과 인생이 무의미하고 공허하게 느껴진다.

이 중에서 첫 번째 경우는 과거의 추억에 사로잡혀 끊임없이 후회하고 있는 모습이다. 앞을 내다보지 못하니 앞으로 내딛는 한 걸음 한 걸음이 비관적이고, 과거의 그림자에서 벗어나지 못하니 발걸음이 고통스러울 수밖에 없다. 그런데 때로는 무겁게 짊어지고 있는 과거의 추억 자체가 중년 위기의 징조가 될 수 있다는 점을 유의해야 한다.

나 역시 힘들었던 과거를 두고두고 회상하는 것을 좋아하는 사람이다. 특히 서른이 된 이후로는 과거에 아쉬웠던 일을 자주 곱씹어 보게 되었다. 그러다가 술을 한 잔 마시면 그때 그 선택이 옳았다면서 스스로를 위로하고는 한다. 하지만 다행히 나는 그 어떤 후회나 무력감도 금방 떨쳐 버린다. 과거를 아무리 회상하고 곱씹어 본들 결과는 조금도 바뀌지 않을 거라는 사실을 잘 알기 때문이다.

설령 현재 내 모습이 만족스럽지 않다고 해도 인생은 이제 막 시작되지 않았는가! 나는 서른 살에 《서른, 모든 것은 이제부터 시작이다》라는 책을 썼다. 이 책을 허무맹랑한 글이라고 비평한 사람들도 많았다. 하지만 그럼에도 불구하고 나는 서른에도 얼마든지 새롭게 시작할 수 있다고 굳게 믿고 있다. 그래서 실제로 서른 살에 다시 한번 창업에 도전했고, 동료들과 페이츠 아카데미를 창업해 매일 열심히 일하고 있다.

창업을 하며 완전히 새롭게 태어난 것 같은 기분이 들었다. 마치 꿈을 이루기 위해 고군분투하던 청춘으로 돌아간 것 같았고, 매일 아침 시끄러운 알람 소리 대신 꿈에 대한 뜨거운 열정이 나를 깨웠다. 만약 내가 다시 시작하는 것을 포기했다면 내 꿈은 날개를 펼쳐 보지 못한 채 바닥에 그대로 주저앉았을 테고, 그러면 지금의 나는 과거의 못 이룬 꿈을 곱씹으며 회상에 잠겨 있었을 것이다. 매일 베이징의 거리를 걸으며 어린 시절 좋아했던 국수나 말린 두부 같은 추억 속 음식을 먹으러 다니거나 어떻게든 나의 존재감을 드러내기 위해 엉뚱한 일을 했을지도 모른다. 또 나의 청춘은 이미 지나가 버린 거라고 스스로를 달래며 그동안 냈던 베스트셀러의 인세에 의존하며 허송세월했을지도 모른다.

하지만 다행히도 어느 날 저녁에 다시 한번 창업을 해야겠다는 결정을 내렸고, 경영대학원에도 진학해 그동안 알지 못했던 다양한 분야의 사람들을 사귀게 되었다.

여전히 고향에서 먹던 국수가 그립고 어느 순간 향수에 젖기도 하지만, 이러한 추억이 나를 오래 붙잡아 두지는 못한다. 나에게는 그보다 더 중요하고 원대한 목표가 있기 때문이다.

부디 여러분들도 그럴 수 있기를 바란다.

아버지께
부치는 편지

#1

이 글을 쓸까 말까 몇 날 며칠을 고민하다가 결국 컴퓨터 앞에 앉아 한 자 한 자 써 내려가고 있다.

며칠 내내 기분이 가라앉아서 회복의 기미를 보이지 않고 있다. 어느 저녁에는 길을 걷고 있는데 마음이 무너져 내리는 것 같았다. 나는 SNS에 이런 글을 남겼다.

세상의 모든 짐이 내 어깨를 짓누르고 있는 것 같다.

상륭, 힘내자.

나는 몇 시간 뒤 곧바로 글을 삭제했다. 불평하고 원망한다고 해서 문제가 해결되거나 부정적인 감정이 해소되는 것은 아니기 때문이다.

며칠 전 늦은 저녁에 누나가 전화를 걸어 아버지께서 방광암 진단을 받으셨다는 소식을 전했다. 처음에는 큰일이 아닐 거라고 생각했다. 아버지는 어려서부터 꾸준히 체력 관리를 해 오셨고, 이십여 년 동안 군 생활까지 하셨으니 그 어떤 병에도 끄떡없으실 거라 믿었다. 게다가 소식을 들었을 때 누나는 둘째 출산을 앞두고 있었고, 나는 원고 마감 전이라 눈코 뜰 새 없이 바쁜 시간을 보내고 있었다. 게다가 온 가족이 전국 각지에 뿔뿔이 흩어져 있어서 아무도 서로를 도울 수 없는 처지였다.

그날 저녁 친구들과 술을 진탕 마시고 있는데 누나가 전화를 걸어 말했다.

"아버지가 방광암에 걸리셨대."

갑자기 술이 확 깨면서 머릿속이 하얘졌다. 친구들은 저쪽에서 신나게 떠들며 술을 마시고 있는데 나는 어떻게 해야 할지 몰라 계단에 그대로 주저앉아 버렸다.

나는 미친 듯이 주변 사람들에게 전화를 걸기 시작했다. 어떤 병원에 가야 하는지, 어떤 의사가 가장 유명한지, 누가 이런 정보들을 알고 있을지 아무것도 알지 못했다. 더욱이 어떻게 하면 이 모든 것이 없었던 일이 되게 할 수 있을지 알 수 없었다.

분명한 건 그 순간 내가 정말 나쁜 아들인 것만 같았다. 문득 이런 말이 떠올랐다.

어른들이 가장 두려워하는 순간은 한밤중에 부모의 전화를 받는 것이라고.

#2

나는 외출하기 전 늘 거울 앞에서 내 모습을 확인한다. 얼마 전까지만 해도 거울을 보며 아직 소년의 모습이 남아 있다는 착각 속에 살았는데, 이제는 어떻게 봐도 영락없는 서른한 살(2021년 당시)이다.

나보다 5분 먼저 태어난 누나가 벌써 두 아이의 엄마인데 내가 어떻게 더 이상 소년이라고 말할 수 있겠는가. 미안하지만 나는 지금껏 이렇게 뻔뻔하게 살았다. 이 정도 뻔뻔함도 없었으면 어떻게 이 드넓은 베이징에서 살아남을 수 있었겠나.

나는 매일 조깅하고 책을 읽고 작년에는 식단 조절을 해서 살도 많이 뺐다. 지금껏 이렇게 아직 젊고 어리다고 스스로 최면을 걸며 살아왔지만, 아버지가 암에 걸리셨다는 소식을 듣자 완전히 넋이 나가 버렸다. 그 순간 내가 이제 이립(而立)의 나이에 이르렀음을 분명히 깨달았다. 어렸을 때 아버지가 나와 누나를 번쩍 안고 걸어가는 장면이 떠올랐다. 그때의 아버지는 걸음걸이가 바람처럼 빠르서 나는 아버지의 어깨를 두 손으로 부여잡아야 했다. 그때의 아버지의 머리는 검고 풍성했으며 눈에서는 빛이 났다.

그런데 그런 아버지가 어느새 예순이 넘었다. 그날 나는 아버지를 반드시 베이징으로 모셔와 꼭 낫게 해 드리겠다고 결심했다.

이 자리를 빌려 이 모든 것을 가능하게 해 준 구뎬 선생님, 주루이 감독님, 나의 형제와 다름없는 샤오양에게 감사의 마음을 전한다.

#3

하필 아버지의 소식을 듣기 며칠 전 영화 〈너에게 붉은 꽃 한 송이를 건네(送你一朵小紅花)〉를 봤다. 그때 영화관에서 눈물을 흘리며 집안에 암 환자가 없다는 사실에 안도했는데, 암이라는 병은 곧 우리에게도 찾아오고야 말았다. 사실 이 나이쯤 되면 대개 집안에 큰 병을 앓는 어르신이 한 분쯤 계신다. 하지만 누구나 자신에게만큼은 그런 일이 생기지 않기를 바란다.

구덴 선생님이 소식을 듣고 가장 먼저 전화를 하셨다.

"우리 아버지도 방광암이셨는데 약물 치료만 잘 받으시면 당장 큰일은 없을 거야. 제일 중요한 건 마음을 단단히 먹는 거야. 절대 마음 약해지면 안 돼."

나도 예전에 비슷한 이야기를 들은 적이 있다. 암 환자와 가족들에게 가장 힘든 일은 암이라는 병 그 자체가 아니라 마음을 굳게 먹는 일이라는 것을 말이다.

지난 몇 년간 나는 개인적으로 큰 발전을 이루었다. 비록 엄청난 부와 명예를 손에 넣은 것은 아니지만, 이대로만 계속 성장한다면 불가능한 일도 아니라고 생각했다. 그런데 정신없이 앞만 보고 달리다 보니 부모님의 연세를 생각하지 못했다. 우리 부모님 연세 정도 되면 여러 가지 병이 한꺼번에 찾아오는 경우가 많고, 대부분 피한다고 피할 수 있는 것이 아니다. 그중에 어떤 병은 이제 부모님께 남은 시간이 카운트다운에 들어갔다고 알려주기도 한다.

내가 지금부터 아무리 부지런히 움직인다고 해도 부모님을 제대로 호강시켜 드릴 수 있을까? 지난 몇 년간 부모님께 돈으로 이것저것 해 드릴 수 있어서 너무 좋았다. 나는 부모님을 위해 돈을 쓸 때가 가장 행복하다. 마치 그것을 통해 내가 돈을 버는 의미를 찾으려는 것처럼.

아버지는 평생을 군인으로 사셨고, 눈물을 보인 적이 거의 없을 만큼 강인한 분이다. 하지만 그런 아버지가 수술을 마치고는 의사를 붙들고 하소연을 하셨다.

"선생님, 저는 담배도 안 피우고 술도 거의 안 마시는데 왜 갑자기 암세포가 생긴 거죠? 하늘도 참 불공평하네요!"

아버지를 보면서 어쩌면 우리는 태어나기 전부터 각자의 유전자에 의해 운명이 결정된다는 생각이 들었다. 아버지의 두 형님, 즉 나의 큰아버지 두 분도 모두 암으로 돌아가셨다. 그럼 과연 이 무시무시한 운명이 언젠가는 나에게도 찾아올까?

나는 어려서부터 그리스 신화와 호메로스의 서사시를 즐겨 읽었다. 아는 사람은 모두 알겠지만, 나는 숙명에 갇힌 오이디푸스 이야기와 같은 숙명론을 믿지 않는다. 나는 오직 나 자신을 믿는 사람이다. 만약 모든 것이 운명에 의해 결정된다면 내가 할 수 있는 일은 '진인사대천명(盡人事待天命)', 즉 내가 할 수 있는 최선을 다하고 운명을 기다리는 것이다. 사람이 할 수 있는 일은 생각보다 많다. 그러니 하루하루 후회 없이 최선을 다해 살아야 한다. 만약 내일이 나의 마지막 날이라면 나는 최소한 오늘 하루를 웃으며 보낼 것이다.

#4

아버지가 암 진단을 받게 되면서, 서른 살 넘어 처음으로 이런 경우에는 누구에게 연락해야 하는지, 어떻게 해야 진료를 조금이라도 빨리 받을 수 있는지 등등 내가 동원할 수 있는 의료 자원을 점검해 보게 되었다. 또 처음으로 부모님이 늙어 가는 속도와 질병의 무서움을 느꼈고, 처음으로 길을 걷다가 마음이 무너져 내리는 경험도 했다.

얼마 후 아버지가 베이징으로 오셔서 내가 직접 모시고 병원에 다니기 시작했다. 병원은 언제나 환자들로 가득했다. 사람들은 모두 다급해 보였고, 얼굴에는 근심 걱정이 가득했다. '젠캉바오(健康宝, 중국의 건강 미니프로그램-역주)'를 스캔하며 경비와 싸우고 있는 사람도 있고, 검사 결과지를 들고 의사에게 언성을 높이고 있는 사람도 있고, 그 외 무표정한 사람, 뚱한 사람, 근심이 가득한 사람들로 빼곡했다. 그래서 병원에 다녀오는 날이면 종일 마음이 무거웠다.

문학에서 궁극적으로 다루는 주제는 '생명'과 '죽음'이다. 그동안 수없이 많은 책을 읽었으니 나 역시 인간에게 죽음은 마지막 종착역이라는 사실을 잘 알고 있었다. 하지만 정작 이 모든 것이 코앞에 닥치자 쉽게 감당할 수 있는 것이 아니라는 걸 깨달았다.

컴퓨터 앞에 앉아 있다가 문득 1년 전 우한의 모습이 떠올랐다. 작년 이맘때쯤 내 고향 우한이 봉쇄되었다. 그동안 수많은 사람들이 목숨을 잃었고, 또 잊혀져 갔다. 내일의 태양을 보지 못하고 떠난 사람들은 과연 어디로 갔을까? 소수점처럼 긴 인생을 살다 가면서도 아주 작은 흔적조차 남기지 않는 사람들이 있다. 우리는 작가로서 인간의 삶에 대해 기록하는 것 외에 어떤 일을 할 수 있을까? 과연 우리는 기사회생하여 생명의 새로운 가능성을 기록할 수 있을까?

#5

    우리는 결국 엔트로피의 증가에 저항할 수 없다. 결국, 이 세상은 《홍루몽》에 나오는 것처럼 '하얗고 깨끗한 대지'로 돌아가게 될 것이다.

    사람은 시간을 되돌리고 싶어 하면서도 지나간 일은 금세 까먹는다. 모든 아름다움은 순식간에 사라져 버리고, 남겨진 것들도 결국 꿈만 빼고 모두 떠나가 버린다. 그런데 이 모든 것이 단지 숙명인 걸까?

    아버지가 베이징으로 오시기 전, 나는 아버지의 핼쑥해진 얼굴을 보며 젊은 시절 군장을 한 모습을 떠올렸다. 그리고 아버지가 지금껏 제대로 행복을 누려 본 적이 없다는 것을 깨달았다. 나는 어머니에게 앞으로 집안의 모든 책임은 내가 지겠다고, 아버지가 일하지 않으셔도 나 혼자서도 충분하다고 말씀드렸다. 어머니는 웃으며 내 건강부터 잘 챙기라고, 그것 말고는 아무것도 바라는 것이 없다고 말씀하셨다. 그러나 나는 웃지 못했다. 두 분이 건강하셨을 때 더 좋은 생활을 누리게 해 드리지 못한 것이 너무도 안타까웠기 때문이다.

어느 날 아침, 아버지 어머니가 다시 우한으로 돌아가겠다고 말씀하셨다. 아버지는 여기서 더 이상 짐이 되고 싶지 않다고, 혼자서도 잘 지낼 수 있다고 하셨다. 나는 아직은 안 된다고 말씀드렸다.

하지만 내가 아무리 말려도 두 분은 우한으로 돌아가겠다는 고집을 꺾지 않았고, 직접 표를 구매하셨다. 결국 내가 내려가 택시를 잡았다. 집을 나서기 전, 아버지와 어머니는 말다툼을 벌이셨다. 두 분 다 안색이 좋지 않았다. 나는 그런 두 분을 배웅하며 말했다.

"아버지, 걱정하지 마세요. 앞으로 치료만 잘 받으면 괜찮으실 거예요."

그러자 아버지가 웃으며 '그래, 너도 힘내라.'라고 말씀하셨다. 나는 차에 짐을 싣고 애써 웃음을 지어 보였다. 드디어 차가 떠났고, 눈에서는 뜨거운 눈물이 쏟아져 나왔다.

내가 왜 이렇게 못난 사람이 되었는지 모르겠다. 시련이 닥쳤을 때 내가 할 수 있는 유일한 일은 더욱 강인한 사람이 되는 것뿐이다.

#6

아버지, 힘내세요! 우리 함께 힘들었던 한 해 잘 버텼잖아요. 저도 힘낼게요. 아버지께 가장 좋은 것만 드리고 싶어요.

#7

이 글은 원래 인터넷에 올렸던 글이다. 글을 올린 후 수많은 사람들이 아버지를 응원하는 댓글을 남겼다. 한 독자는 이렇게 말했다.

> 자식이 자라서 서른이 되고, 부모가 되고, 나이가 드는 것을 지켜보면서 부모님이 가장 바라는 건 자식이 강인하게 이 세상을 살아가는 모습일 거예요.

나는 독자들이 남긴 댓글들을 모두 아버지께 전달해 드렸다. 그리고 그날 밤 한 통의 메시지가 도착했다.

> 고맙다. 아빠도 힘을 낼 테니 너도 건강 잘 챙겨라.

자신의 **변화**를
믿어라

#1

어느 날, 엘리베이터 안에서 한 상장회사의 공동 창업자를 만났다. 나는 그를 보자마자 이렇게 말했다.

"류 대표님, 살이 좀 찌셨네요."

류 대표는 머리를 긁적이며 '요즘 비만은 산업재해'라고 농담처럼 말했다.

대도시에서의 삶은 업무 스트레스, 승진과 연봉 인상에 대한 압박, 각종 생활 스트레스, 자녀의 학업 문제까지 하루도 마음 편할 날이 없다. 일단 스트레스를 받으면 식욕이 왕성해지고 손에 잡히는 건 모두 입으로 들어간다. 그러니 사실상 대도시에 살면서 건강한 몸매를 유지한다는 것은 쉽지 않다. 오죽하면 '과로비만'이라는 단어가 생겨났을 정도다.

나 역시 얼마 전까지만 해도 살이 쪄서 몸매가 엉망이었다. 하지만 작년에 석 달 만에 10kg을 감량하면서 출렁이던 뱃살이 싹 사라졌다. 그렇다고 갑자기 잘생겨진 건 아니지만, 이제 흰색 와이셔츠를 자신 있게 입을 수 있게 되었고, 무엇보다 건강이 많이 좋아졌다.

나는 《간헐적 단식법》이라는 책을 참고했는데, 이 책에서는 다이어트를 할 때 무조건 굶기보다는 식사를 잘 챙겨 먹되 무엇을 먹고 무엇을 먹지 않을 것인지 신중하게 생각해 봐야 한다고 강조했다. 다이어트와 건강에 관해 좋은 내용이 많으니 한 번쯤 읽어 보는 것을 추천한다. 또 페이츠 아카데미 샹롱독서회 프로그램으로도 올라와 있고, 자세한 식단과 레시피도 나와 있으니 참고하기를 바란다.

어쨌든 다이어트의 핵심은 철저한 식단 관리와 휴식에 있다. 이 두 가지만 잘 조절해도 다이어트 효과를 극대화시킬 수 있다. 하지만 반대로 제대로 조절하지 못하면 다이어트에 성공해도 금방 원상복구 될 수 있고, 무엇보다 건강을 해칠 수도 있다.

'You are what you eat'이라는 말이 있다. 해석하면 '당신이 먹는 것이 바로 당신이다'라는 의미다. 당신이 무엇을 먹느냐가 당신이 어떤 사람이 될 것인가를 결정한다. 당연한 이야기다. 당신의 장 속에 어떤 균들이 사느냐에 따라 당신의 건강이 결정될 테니 말이다.

#2

책에서 지침을 얻었다면 다음으로 할 일은 실행에 옮기는 것이다. 방향이 옳다면 이제는 시간과 끈기의 힘을 믿어야 한다.

다이어트를 할 때 최대의 적은 배고픔이 아니라 갑자기 찾아오는 식욕과 피하고 싶어도 피할 수 없는 회식 자리다. 이 두 가지는 질 유지해 오던 다이어트 리듬을 쉽게 깨트릴 수 있는 것들이다. 그래서 문제 상황을 정확히 분석해 대응할 수 있는 방법을 연구했다.

나의 경우 도우미 아주머니를 고용해 건강한 기름을 사용하고 영양소가 골고루 들어 있는 건강한 식사를 준비해 달라고 부탁했다. 그리고 갑자기 배가 고플 때를 대비해 호두와 같은 견과류들을 늘 준비해 놓았다.

베이징은 열심히 모임에 나가지 않으면 친구를 사귀기 쉽지 않은 도시이기 때문에 유독 모임이나 회식이 잦았다. 그런데 이런 모임이나 회식 자리에 나가 일단 술을 한두 잔 마시다 보면 금세 폭음과 폭식으로 이어졌고, 나도 모르게 손에 잡히는 대로 먹어 치웠다. 그렇게 저녁 식사 한 번에 며칠 동안의 노력이 물거품되기도 했다.

그래서 나는 단단한 고무줄을 하나 사서 팔에 끼고 다녔다. 그리고 폭음이나 폭식을 할 것 같으면 고무줄을 한 번 세게 잡아당겼다가 놓으며 스스로 이렇게 되뇌었다.

'참아!'

도저히 못 참고 폭식을 한 날에는 다이어트 일기장에 이렇게 써 놓았다.

'내일 5km 달리기'

이렇게 해 보니 역시나 가장 어려운 건 처음 며칠이었다. 처음 며칠만 꾹 참고 견디고 나면 습관이 되기 때문에 별로 힘을 들이지 않아도 저절로 지키게 된다. 이것은 공부할 때도 마찬가지다. 며칠만 고생해서 일단 습관이 생기면 억지로 앉아 있으려고 노력하지 않아도 자연스럽게 공부하게 된다.

나는 다이어트를 시작한 이후 달달한 것들에 거의 손을 대지 않았다. 그러다 어느 날 한 번 초콜릿을 먹은 적이 있는데, 한 입 베어 물자마자 역한 느낌이 들어 더 이상 먹지 못했다. 아마도 단 것들을 유인하는 균들이 이미 내 몸속을 떠난 모양이다.

이렇게 해서 연초에 75kg이었던 체중을 석 달 만에 65kg까지 감량했다. 성장이 멈춘 후로는 가장 적게 나가는 몸무게였다. 의사도 더 이상 감량할 필요 없이 이 정도를 유지하는 것이 좋다고 말했다.

중요한 건 다이어트를 중단한 이후 지금까지 체중의 변화가 없다는 것이다. 다이어트에 성공하고 나서 내 생활에 여러 가지 변화가 나타났다. 작아서 맞지 않았던 옷들이 여유 있게 들어갔고, 그동안 살쪄 보일까 봐 입지 않았던 흰색 옷들도 즐겨 입게 되었다. 그리고 길을 걸을 때 사람들이 뒤돌아보는 확률도 높아졌다. 무엇보다 중요한 것은 나 자신을 더욱 사랑하게 되었다는 점이다.

다이어트를 하면서 가장 힘들었던 것은 식단을 지키는 것도, 5km를 달리는 것도 아니었다. 내가 변할 수 있다고 믿는 것이었다.

#3

    그런데 나는 왜 다이어트를 하기로 결심했을까?

    이십 대 때는 미래에 대한 희망과 기대가 크다. 하지만 삼십 대에는 어떤가? 삼십 대에 들어서면 삶이 결코 녹록지 않다는 걸 느끼게 된다. 그래서 미래를 바라보기보다는 현재만 바라보고 사는 사람들이 많다. 이런 사람들의 특징은 변화를 거부한다는 것이다.

    삼십 대 들어서 갑자기 정신 줄을 놓아 버린 형이 하나 있다. 나는 그 형을 만날 때마다 같이 뭐라도 해 보자고 권했지만, 형은 아무것도 할 수 없다며 고개를 저었다. 하지만 그는 원래 이런 사람이 아니었다. 원래는 '어떻게 하면 성공할 수 있을까?'를 고민하던 형이었다.

    인생을 망치는 길은 '변화를 거부하는 것'에서부터 시작된다.

    나는 가끔 '이십 대 때로 돌아갈 수 있는 기회가 생긴다면 그때와 같은 선택을 할까?' 생각해 본다. 한참을 생각하다 보면 어차피 이런 기회는 생기지 않을 테니 고민하는 것이 무의미하다는 결론에 이른다.

그러나 다시 생각해 보면 그렇다고 변화의 기회가 아주 없는 것은 아니다. 과거의 선택은 바꾸지 못해도 미래의 내 모습은 지금부터 충분히 변화시킬 수 있기 때문이다. 만약 지금 내 모습이 과거에 심어 놓은 씨앗의 결과물이라면, 지금 심는 씨앗이 바로 내 미래의 모습이 될 것이다. 그러니 왜 변화를 거부하겠는가?

기왕 변화하기로 마음먹은 이상 우선 내 몸부터 변화시켜야겠다고 생각했다. 그래서 다이어트를 시작하게 되었다.

작년에 《서른, 모든 것은 이제부터 시작이다》라는 책을 쓰게 된 가장 큰 이유는 지금 시작해도 결코 늦지 않았다는 것을 알려 주고 싶어서였다. 지금 이 순간이 앞으로의 당신 인생에서 가장 젊은 순간이다. 지금 변화의 첫걸음을 내디딘다면 미래에 더 나은 내 모습으로 거듭날 수 있을 것이다.

사실 외모가 얼마나 잘생기고 예쁘냐 하는 것은 더 이상 내 인생에 있어 중요한 문제가 아니다. 그러나 내면에서부터 외면으로의 변화는 매우 중요하다. 사람의 인지가 먼저 변화해야 이어서 외적인 변화가 생기기 때문이다. 우선 아름다움이 무엇인지 정확하게 알아야 그것에 맞게 자신을 꾸미고, 건강한 생활 습관이 무엇인지 알아야 올바른 방법으로 다이어트를 할 수 있다. 즉, '인지'하는 것이 가장 우선이다.

자신이 알고 있는 것 이상의 돈을 벌 수 없다는 말이 있다. 마찬가지로 자신이 알고 있는 것 이상의 일을 할 수 없다. 그러므로 언제나 배움의 문을 열어 놓고 수시로 변화해야 한다.

적당히 아는 사람일수록 자신이 무엇이든 다 알고 있다고 뻐기고 잘난 척한다. 이런 사람들이 나이가 들면 젊은 사람들에게 잔소리를 늘어놓는 꼰대가 된다. 그러나 더 이상 배우려고 하지 않고 변화를 시도하지 않으면 인생이 무너지는 건 한순간이다.

반면, 많이 아는 사람일수록 자신은 아무것도 모른다고 생각하며 이토록 넓은 세상에서 아직도 배울 것이 너무나 많다고 믿는다.

소크라테스가 말했다. 내가 유일하게 아는 것은 내가 아무것도 모른다는 사실이라고. 나이와 상관없이 한 단계 더 성장하기 위해서는 배움의 문을 열어 놓고 변화를 받아들여야 한다.

나이가 몇 살이 되었든지 간에 모든 것은 이제부터 시작이다.

부디 건강하게 매일 조금씩 성장할 수 있기를 바란다.

인생을
즐겁게 사는 팁

예전에 〈이커(一刻)talks〉(중국판 테드(ted)-역주)에 출연한 적이 있다. 그날 강연에서 이야기한 내용은 '살면서 꼭 쓸모 있는 일만 하려고 하지 말고 재미있는 일을 하면서 살라'는 것이었다. 사람들은 쓸모 있는 일을 하는 것을 좋아한다. 당장에 눈에 보이는 성과가 있기 때문이다. 하지만 마음속에 담아 두고 오래도록 꺼내어 볼 수 있는 기억은 재미있는 일을 할 때 생긴다. 예로 고등학교 때 친구와 치고받고 싸웠던 일, 농구하나가 다리를 다쳤던 일,

좋아하는 여학생을 쫓아다니던 일 등은 공부나 시험같이 인생에 유용한 일들은 아니지만 내 기억의 중요한 일부분을 차지하고 있다.

나는 스스로를 재미있는 사람이라고 생각한다. 이렇게 말할 수 있는 이유는 내가 정해진 규칙이나 공식에 따라 사는 것을 별로 좋아하지 않기 때문이다. 어느 때는 하고 싶은 일이 있으면 깊게 생각하지 않고 바로 실행에 옮기기도 하고, 보고 싶은 사람이 있으면 상대방이 당장 확인할 수 없다는 걸 알면서도 메시지를 보내 안부를 묻곤 한다. 가끔 내가 너무 계획도 없이 즉흥적으로 살고 있는 건 아닌가 하는 생각이 들 때도 있지만, 어느 날 갑자기 살날이 얼마 남지 않았다는 통보를 받게 된다고 해도 후회 없이 떠날 수 있을 것 같다. 나는 돈의 중요성을 잘 알고 있지만, 돈을 벌기 위해 해야 하는 일이 재미없다면 과감히 그만두는 것을 선택할 것이다. 이러한 이유로 창업하고 몇 년 동안은 큰돈을 벌지 못했지만, 최소한 매일 새로운 영상을 만들었고 매일 새로운 가능성을 만들어 냈다.

인생을 더욱 재미있게 살 수 있는 방법에 대해 묻는다면 다음과 같은 몇 가지 방법을 소개해 주고 싶다. 하지만 여기에 나와 있는 방법을 그대로 따라 하기만 한다면 결국 인생은 다시 지루하고 무료해질 것이다. 이 책에 나와 있는 다른 내용들과는 달리 여기에서 소개하는 방법은 부디 참고만 하기를 바란다. 진정한 재미란, 컴포트 존을 벗어나 자신의 한계에 도전하고 남들과 다르게 사는 것이 아닐까.

#1
집콕에서 벗어나라

집콕은 재미있는 인생을 가로막는 최대의 적이다.

고층 건물이 생겨나기 전, 인류는 날마다 아름다운 산과 바다를 바라보고 살았다. 사람들은 매일 다른 풍경을 마주했고, 심지어 사냥을 하는 동물들조차 매일 달랐다. 하지만 이 세상에 콘크리트가 생겨나고 고층 건물을 짓기 시작하면서부터 사람들은 서로 단절된 한 공간에 머물며 매일 똑같은 풍경을 바라보는 것에 익숙해졌다.

물론 하루 종일 시끄러운 바깥세상에서 일하거나 공부하고 들어오면 내 침대만큼 아늑하고 편안한 곳이 없다는 걸 잘 안다. 그렇지만 흥미로운 인생을 살기 위해서 가장 경계해야 할 일은 바로 집콕이다. 남들과 다른, 남들보다 멋진 인생을 살고 싶다면 지금 당장 집에서 나가라! (세상에, 무슨 대단한 구호라도 되는 것 같다.)

도시에서 사람을 폐인으로 만드는 방법은 굉장히 쉽다. 인터넷이 잘 되는 집 안에 머물게 하면서 배달 음식만 시켜 먹게 하면 된다. 사실 밖에 나가서 밥 한 끼만 먹어도 집에서 배달 음식을 시키는 것보다 훨씬 더 많은 사람들을 만나고 다양한 풍경을 마주하게 된다. 영화도 집에서 보는 것보다 영화관에서 다른 사람들과 함께 보는 것이 흥미진진하다. 비록 혼자서 팝콘을 먹으며 보는 것일지라도 집에 있는 것보다 얼마나 더 재미있는가! 책을 읽어도 집에서 혼자 읽는 것보다 도서관이나 서점에서 읽는 것이 훨씬 재미있다. 흥미로운 책이 없더라도 최소한 집에서 혼자 휴대폰을 하고 있는 것보다는 재미있을 것이다.

#2
많이 웃어라

'웃다'라는 동사는 일종의 능동적인 행위다. 억지로 어색하게 웃는 웃음이라도 애써 강한 척하는 것보다 큰 힘이 있다. 때로는 억지로라도 웃다 보면 정말로 기분이 좋아질 때가 있다. 입을 활짝 벌리고 웃고 있으면 행복이 저절로 찾아올 때도 있다. 헤헤 웃고 있으면 다른 사람들이 무시하고 우습게 생각할까 봐 걱정하지 마라. 내가 내 자신을 우습게 생각하지 않으면 아무도 당신을 우습게 생각하지 않는다.

억지로 웃거나 가짜로 웃는 사람이 웃지 않는 사람보다 행복해질 확률이 높다는 연구 결과도 있다. 코미디 프로그램이나 토크쇼 등을 보고 나서 시큰둥한 표정으로 댓글 창에 '재미없어요'라고 적는 사람들이 있다. 이렇게 한다고 해서 과연 연예인들이 상처받을까? 아니다. 결국 상처받는 건 자기 자신일 뿐이다.

비록 차갑고 어두운 세상이지만 나까지 내내 슬퍼하고 있을 필요는 없다. 주변에 보면 매일 허허 웃으며 지내는 사람들이 있다. 그들은 기분 나쁜 일이 있어도 술 한잔하며 크게 웃고 넘겨버린다. 나는 작은 일에도 쉽게 웃고 즐거워하는 사람들을 부러워한다. 그렇다고 그 사람들이 인생의 쓴맛을 모르는 것은 아니다. 다만 그들은 그것들과 사이좋게 지내려고 노력하는 사람들이다. 많이 웃으려고 노력하고 웃으며 살아가는 사람은 인생을 훨씬 더 재미있게 살아간다.

#3

에너지가 넘치는 사람들과 자주 어울려라

만약 주변에 늘 에너지가 넘치는 사람이 있다면 그 사람과 자주 어울려라. 단지 밥 한 끼 먹는 것만으로도 그 사람이 가진 에너지를 나에게 가득 채울 수 있을 것이다.

반대로 함께 있을 때 괜히 기분이 다운되고 인생이 무의미하게 느껴지는 사람이 있다면 그 사람은 애써 멀리하거나 그 사람이 나를 멀리하게 만들어야 한다. 내 주변에도 술만 마시면 세상이 불공평하다, 인생이 의미가 없다, 다들 멍청한 놈들이다, 하며 불평을 늘어놓는 사람이 있었다. 이런 사람이 옆에 있다면 반드시 주의해야 한다. 그런데 재미있는 사람은 서로를 끌어당기게 되어 있다. 만약 내 옆에 재미없는 사람들만 가득하다면 먼저 스스로 반성해 봐야 한다. 어쩌면 나도 모르는 새 지루하고 무료한 모습으로 살고 있었는지도 모르니 말이다.

어려서부터 친하게 지낸 소꿉친구가 하나 있는데, 다른 친구들은 늘 그 친구가 재미없다며 함께 놀려고 하지 않았다. 하지만 나는 한 번도 그 친구와 함께 있으면서 재미없다고 느낀 적이 없었다. 그래서 왜 그런가 유심히 관찰해 봤더니, 그 친구는 나랑 있을 때는 정말 재미있는데, 여기에 다른 누군가가 나타나면 갑자기 지나치게 조심스러워졌다. 나는 그 친구에게 다른 사람들에게도 나와 함께 있을 때처럼 편하게 대해 보라고 권유했다. 그리고 한 달 후, 그 친구에게 여자친구가 생겼다는 소식을 듣게 되었다. 그리고 여자친구는 그가 '재미있는 사람이라서' 좋다고 말했다. 때로는 실수도 하고 남들이 하지 않는 일을 해 보는 것도 인생의 좋은 경험이 될 수 있다. 사람은 기계처럼 완벽해질 수도, 완벽해져서도 안 된다. 그렇게 되려고 마음먹는 순간 인생은 재미없어지기 시작한다.

#4
달리기

달리기를 하면 왜 기분이 좋아지는 걸까? 과학적으로 설명하자면, 유산소 운동을 하면 대뇌에서 도파민이 분비되기 때문이다. 도파민은 사람을 흥분하게 만드는 화학물질로 다이어트를 촉진시키고 공부에도 도움을 준다. 나는 우울할 때마다 차오양공원에 가서 5km 달리기를 한다. 이렇게 한바탕 달리고 나면 다운되고 우울했던 기분은 사라지고 도파민이 몸속에서 활발하게 작용하고 있는 것만 느껴진다.

재미있는 것은 달리기를 하고 나면 같은 일도 다른 관점에서 바라볼 수 있게 된다는 것이다. 《운동화 신은 뇌》라는 책에서는 운동이 다량의 신경 세포를 만들어 낸다고 나와 있다. 다시 말해 운동이 대뇌에 학습과 사고를 하는 데 필요한 원자재를 제공한다는 의미다. 2007년 독일의 한 연구원은 운동 후에 학습하면 운동 전보다 학습 효율이 20%가량 높다는 사실을 발견했다.

달리기 외에 자전거, 수영, 경보 등의 운동은 일회성으로 끝내는 것이 아니라 꾸준히 하는 것이 좋다. 규칙적인 운동 습관을 만들기 위해서는 한 달가량은 꾸준히 해야 한다. 이러한 운동은 열량 소모를 도울 뿐만 아니라 당신을 더욱 똑똑하고 재미있는 사람으로 변화시킨다.

#5
매일 특별한 일을 한 가지씩 해라

사람의 생각은 관성이 생기기 쉬운데, 일단 관성이 생기고 나면 삶의 재미를 잃어버리기 쉽다. 그러나 한편으로는 이러한 관성을 깨트리는 것 역시 어려운 일이 아니다. 매일 특별한 일을 한 가지씩 하면 된다. 이때 뭔가 대단한 일을 하려고 마음먹기보다는 일상생활 속 작은 일부터 시작하는 것이 좋다. 예를 들면 저녁에 퇴근할 때 평소 다니던 길이 아닌 다른 길로 간다거나, 점심시간에 회사 건물에서 나와 평소와 반대 방향으로 걸어가 새로운 식당에서 밥을 먹어 본다거나, 주말에 차를 몰고 한 번도 가 보지 않은 곳에 가 본다거나 하는 것이다. 얼핏 의미 없는 일처럼 보일 수도 있지만, 이렇게 해서 자신의 컴포트 존에서 벗어나고 관성적인 사고방식을 깨트릴 수 있다면 인생을 더욱 재미있게 살 수 있다.

처음에는 평소와 다른 일을 한다는 것이 어렵고 적응이 안 될 수도 있지만, 일단 컴포트 존에서 벗어나면 그전과는 다른 무언가를 느끼게 될 것이다. 내게는 특별한 노트가 한 권 있는데, 거기에는 파마, 귀 뚫기, 낚시하기 등 그동안 해 보고 싶었지만 기회가 없어서 못 한 일들이 빼곡하게 적혀 있다. 나는 심심할 때마다 이 노트를 펼쳐서 평소에 머리로만 상상했던 일들을 하나씩 실행에 옮겨 본다.

#6
쇼핑

나는 쇼핑광은 아니지만 사람에게 쇼핑은 꼭 필요한 행위라고 생각한다. 그 이유는 다음과 같은 두 가지를 증명하기 위해서다. 첫째로 아직 일을 하고 있고 고정 수입이 있다는 것, 둘째로 아직 채우고 싶은 욕망이 있다는 것을 말이다. 이 두 가지 모두 인생을 잘 살고 있다는 좋은 징조다. 하지만 쇼핑할 때는 자신의 수준에 맞게 해야 하고, 절대 '신용카드의 노예'로 전락해서는 안 된다. 특히 블랙프라이데이 같은 세일 시즌에는 과소비에 주의해야 한다.

나는 물질적인 것에 반대하지 않는다. 우리는 물질이 무엇보다 중요한 시대에 살고 있기 때문이다. 물질은 사람들을 위로하기도, 앞으로 더 멀리 나아갈 수 있게 도움을 주기도 한다. 나는 전자제품 마니아다. 그러나 워낙 가격이 비싸기 때문에 사고 싶다고 해서 모두 다 구매할 수는 없다. 그래서 나만의 원칙을 세워놓았다. 한 가지 목표를 세우고 그 목표를 달성해야만 원하는 제품 한 가지를 사는 것이다. 예를 들면, 얼마 전《1시간에 끝내는 대화의 기술》이라는 책을 쓰면서 원고를 다 끝내야만 에어팟 신제품을 사겠다고 결심했다. 그랬더니 동기부여도 되고 글이 더 잘 써졌다.

#7

재미있게 말하는 법을 배워라

'이 세상은 표현하는 사람이 지배한다'라는 말을 한 적이 있다. 표현이란 그 자체로 마음을 전달하는 행위다. 하지만 어떤 사람들은 표현하면 할수록 밉상이 되기도 한다. 단어 선택이 잘못되었거나 말을 조리 있게 하지 못하거나 너무 예의를 차리느라 그런 경우가 많은데, 이는 다시 말해 말을 할 때 가장 중요한 '유머'라는 요소가 빠져 있기 때문이다.

말을 재미있게 하는 법은 의외로 간단하다. 우선 말을 할 때 얼굴에 미소를 띠고 다양한 어조를 사용하며, 무거운 이야기일수록 편안한 상황에서 전달하는 방법도 있다. 예로 친구네 집에 식사 초대를 받았는데, 한참이 지나도 음식이 나오지 않는다면 텅 빈 식탁을 바라보면서 '오늘 정말 맛있게 잘 먹었어!'라고 농담하는 것이다.

내 생각을 재미있게 표현하려면 꾸준한 연습이 필요하다. 글을 쓸 때도 말을 할 때와 마찬가지로 재미있게 표현할 수 있어야 한다. 꾸준히 연습한다면 분명 당신도 재미있게 표현하는 사람이 될 수 있을 것이다.

#8

함께 밥을 먹어라

내가 생각하는 가장 중요한 항목이다. 나는 혼자 밥을 먹는 것은 단순히 배를 채우는 것이고, 둘이 먹어야 진정한 식사라고 말한다. 혼자서 밥을 먹기보다는 여자 친구든 남자 친구든 가급적 다른 사람들과 함께 어울려 식사한다면 인생이 훨씬 즐거워질 것이다.

조금은 따분하고 지루한 이 세상에서 부디 자신만의 즐거움과 재미를 찾을 수 있기를 바란다.

기분을 이기는

#생각

자신의
생각대로 살아라

#1

어느 날 매형이 들려준 이야기가 내 마음을 울렸다.

매형은 나와 비슷한 삼십 대의 나이에 벌써 아이가 둘이나 있고, 직장에서도 승승장구하고 있다. 누가 봐도 완벽해 보이는 매형의 인생을 얼마나 많은 사람들이 부러워하는지 모른다.

하루는 매형이 회사 사장님을 모시고 술을 마시러 갔다. 술자리는 밤 열 시쯤 끝이 나서 사장님은 운전기사가 모시고 먼저 가고, 매형 혼자 남게 되었다. 택시를 잡으려고 휴대폰을 꺼냈는데, 그제야 휴대폰 배터리가 나가 꺼져 있는 것을 발견했다. 집까지 걸어가기에는 너무 먼 거리였고, 길 한복판에서 휴대폰을 충전할 수도 없으니 난감했다. 매형은 하는 수 없이 지나가는 차라도 잡으려고 손을 내밀었다. 하지만 마침 비도 오고 늦은 밤이라 지나가는 차도 별로 없었다. 한참을 기다려 봤지만 아무도 멈추지 않았다.

매형은 하는 수 없이 근처에 있는 식당에 들어가 종업원 아가씨에게 휴대폰을 한 번만 빌려줄 수 있냐고 부탁했다. 종업원은 매형이 나쁜 사람 같아 보이지는 않았는지 흔쾌히 자신의 휴대폰을 빌려줬다. 매형은 고맙다고 인사하고 얼른 누나에게 전화를 걸었다. 하지만 이미 밤 열한 시가 다 되어가고 있었고, 이제 막 둘째를 출산한 누나는 아기와 함께 깊이 잠들어 있었다. 휴대폰도 무음으로 바꿔 둔 채 말이다.

매형은 할 수 없이 종업원 아가씨에게 택시를 잡아 줄 수 있느냐고 부탁했다. 아가씨는 매형을 의심 가득한 눈초리로 쳐다봤다. 매형은 지갑에서 명함을 꺼내어 보여 주며 자신이 ○○금융 회사에 다니고 있다고 소개했다. 아가씨는 그제야 안심하며 택시를 잡아 주려고 했지만, 비가 와서 그런지 일반 택시는 잡히지가 않았다. 결국 매형은 그날 처음으로 고급 택시를 탔고, 마음만 먹으면 걸어서 갈 수 있는 짧은 거리를 가면서 3만 원이라는 거금을 냈다.

집에 와서 방에서 곤히 자고 있는 누나와 아이들을 보면서 매형은 아무 말 없이 흐르는 눈물을 닦았다. 그리고 곧장 휴대폰을 충전해 자신에게 호의를 베풀어 준 종업원에게 택시비를 입금했다. 매형은 사장님이 오늘까지 처리해 달라고 부탁했던 일까지 모두 마무리한 다음 그제야 침대에 누워 누나에게 원망 섞인 목소리로 물었다.

"아까 왜 내 전화 안 받았어?"

잠에서 깬 누나는 아무 대꾸 없이 몸을 돌려 다시 잠을 청했다. 몇 시간 뒤 아기가 다시 깨어 울 테고, 다음 날 아침에 할 일도 많았기 때문이다.

매형도 더 이상 아무 말 하지 않고 돌아누우며 중얼거렸다.

"집에 유선 전화를 설치하든지 해야지, 원."

그제야 누나는 무슨 일이 있느냐고 물어봤다.

누나는 행여나 아기가 깰까 봐 소곤소곤 말했다. 매형이 그날 밤 있었던 일을 모두 이야기하자 누나는 매형을 가만히 안아 줬고, 매형은 다 큰 어른이 어린아이처럼 아내의 품에 안겨 울음을 터트렸다.

#2

어른들의 세계는 참 쉽지 않다.

도시 사람들은 의외로 아주 작은 일에 감정이 무너져 내리기도 한다. 한 차례 거센 폭풍 같은 일을 겪고 우연히 커피를 사러 카페에 들어갔는데 종업원이 친절하게 시럽을 넣어 주겠다고 하자 서러운 마음이 갑자기 무너져 내리기도 하고, 창업의 실패도 담담히 이겨 낸 사람이 지나가는 행인의 눈빛 한 번에 꾹 참아 왔던 감정이 터져 버리기도 하고, 이혼이나 실연의 아픔에도 웃음을 잃지 않던 사람이 어느 날 비가 내리는 모습을 보면서 엉엉 울기도 한다.

언제부터인가 부모님은 더 이상 자녀에게 무언가를 당부하거나 요구하지 않는다. 온 가족이 한데 모여 식사를 할 때도 이제 관심은 대부분 새로 태어난 아기에게 쏠린다. 학교를 다닐 때는 공부 이야기, 졸업 후에는 취직 이야기, 취직 후에는 결혼 이야기, 결혼 후에는 아이를 갖는 이야기까지… 그동안은 부모님과 이런저런 주제로 이야기를 나눴지만, 인생의 큰일들이 일단락되고 나서부터는 함께 식사할 때 딱히 할 이야기가 많이 없다. 이제

커 가는 아이들 이야기가 가장 중요한 화제가 되었고, 이미 어른이 된 자녀들에 관한 이야기는 거의 하지 않는다.

왜 이런 일이 벌어지는 걸까? 원인은 간단하다. 어릴 때는 모두가 같은 삶의 궤적을 따라 살아간다. 한 걸음 한 걸음 내디딜 때마다 참고가 될 만한 모범 답안이 있었고, 심지어 누군가의 답안을 그대로 베끼는 것도 무방했다. 그런데 이러한 청춘이 이미 지나가 버렸기 때문이다. 서른 살 이후에는 살아가는 모습이 모두 제각각이기 때문에 다른 누군가에게 적절한 조언을 해 주는 것이 어렵고, 마찬가지로 나 역시 다른 누군가에게 조언을 얻는 것도 힘들다. 그래서 모두가 자신의 무거운 짐을 안고 묵묵히 버티고 있을 뿐이다. 어쩌면 누군가 잠시 도움의 손길을 내밀기도 하지만, 결국에는 혼자서 걸어가야 하는 길이다.

2021년 초에 베이징에 살고 있는 페이페이(가명)라는 여자가 자신의 집에서 욕실 문이 고장 나는 바람에 30시간을 갇혀 있다가 구조되는 일이 있었다. 휴대폰이 밖에 있었기 때문에 수돗물을 마시며 구조되기를 기다릴 수밖에 없었다. 다행히 그녀는 기지를 발휘해 욕실의 배수관을 통해 아랫집 이웃에게 구조 요청을 했고, 무사히 구조될 수 있었다.

그런데 이 이야기가 인터넷에 퍼졌을 때, 많은 사람들이 도대체 서른 살이나 먹은 여자가 왜 결혼을 안 하고 혼자 살고 있냐, 도대체 뭘 위해서 도시에서 그 고생을 하고 있냐 등의 반응을 보였다.

결혼한다고 해서 인생의 모든 고민과 어려움이 사라질까? 오히려 결혼 후 마주해야 하는 문제가 더 많을 수도 있다. 화목한 가정을 만들고, 아이들을 좋은 학교에 보내고, 일과 가정 사이 균형을 유지하는 것은 결코 쉬운 일이 아니다.

이것이 바로 모든 사람들이 서른이 넘으면 마주해야 하는 문제다. 누구나 자기만의 괴로움이 있고, 자기만 아는 외로움이 있다. 만약 지금까지 학교를 다니고, 취직하고, 연애해서 결혼하고, 아이를 낳으면서 모두가 동일한 삶의 궤적을 따라 살아왔다면, 이제는 모두가 외딴 섬처럼 따로 떨어져 있다. 다른 누군가로부터 위로를 받고 싶고, 나만의 무리를 찾고 싶기도 하지만, 결국 모두가 외롭게 표류하고 있다는 사실을 발견할 뿐이다.

#3

나는 삼십 대라는 사실이 그리 슬프지는 않다. 《서른, 모든 깃은 이제부터 시작이다》에서도 말했듯이 어떤 나이든 위기를 극복하는 방법은 두 가지다. 첫째로 마음을 열고, 둘째로 무엇이든 해 보는 것이다. 마음을 열면 다양한 목소리를 들을 수 있고, 일단 무엇이든 해 보면 불안함이 사라진다.

내가 아는 한 친구는 서른 살이 되면서 스스로 이렇게 다짐했다. 누가 어떤 미친 소리를 해도 성급하게 부정하지 말고 일단 받아들여 보자고 말이다. 그리고 그 친구는 5년 전 비트코인을 샀다. 또 다른 친구 한 명은 불안이 엄습할 때마다 일단 무슨 일이든 해 보자고 결심했고, 그 친구의 회사는 내년에 홍콩에 상장될 예정이다.

한편, 나는 서른 살 생일날 이런 결심을 했다. 더 이상 다른 사람의 인생에 대해 왈가왈부하지 않고, 어린 친구들에게 섣불리 인생 조언을 해 주지 않고, 대신 내가 해야 할 일에 조금 더 집중하자고 말이다.

나이를 먹을수록 사람마다 살아가는 모습이 모두 다르고, 겉으로 보이는 것과 다른 삶을 살아가는 사람들도 많다는 사실을 발견하게 된다. 일찌감치 만신창이가 되었음에도 불구하고 사회에 나와서는 만면에 웃음을 띠고 살아가는 수많은 중년의 사람들이 그렇다. 그들은 당신에게 어떤 지혜로운 조언도 기대하지 않는다. 그저 당신을 붙들고 실컷 하소연하고 싶을 뿐이다. 그러니 누군가의 삶에 대해 잘 알고 있다고 해도 입 다물고 가만히 있어라. 만약 누군가의 삶에 대해 잘 모르고 있다면 더욱이 입을 다물고 있어야 한다. 때로는 그들 옆에 가만히 있어 주는 것만으로도 큰 위로가 된다.

어느 날 밤, 한 친구가 갑자기 집으로 찾아와 함께 술을 마시게 되었다. 그녀는 남자친구가 자신에게 어떻게 이별을 통보했는지 이야기하면서 눈물을 보였다. 그러고는 앞으로 어떻게 살아야 할지 모르겠다며 서른 살이 되기 전에 결혼할 수 있을지 걱정된다고 말했다. 예전 같았으면 새로운 사람을 만나 보라는 둥, 전 남자친구와 다시 잘 얘기해 보라는 둥 벌써 이런저런 조언을 해 줬을 것이다. 하지만 이번에는 아무 말도 하지 않고 잠자코 있었다. 그녀가 모든 정보를 빠짐없이 전달했는지 알 수 없지만, 나도 더 이상 자세히 묻고 싶지는 않았다. 그래서 그녀가 스스로 마음을 추스르고 집에 갈 때까지 그냥 조용히 옆에 있어 줬다.

그날 밤 술을 마셔 정신이 몽롱했지만 잠을 이룰 수가 없었다. 문득 그동안 내 곁을 떠나간 사람들이 떠올랐다. 다시 만나자고 약속했지만 다시 만나지 못한 사람들… 그들을 생각하니 가슴

한편이 아려왔다. 새벽 세 시 무렵, 결국 침대에서 일어나 캄캄한 방 안을 둘러보다가 커튼을 열고 밤하늘에 떠 있는 별들을 바라봤다. 그러다가 서재로 가서 컴퓨터 앞에 앉아 한참을 생각하다가 이렇게 썼다.

모두 잘 지내고 있나요?

다음 날 아침 세수를 하고 운전해서 회사에 갔다. 그리고 마치 아무 일도 없었던 것처럼 하루를 시작했다.

나는 SNS에 이런 글을 올렸다.

가끔 기분이 다운될 때도 있지만
마음속에 품은 큰 꿈을 잊지 말자!

#4

중년의 삶에 대한 이야기로 돌아가 보자.

우리는 인생이 올곧은 직선을 따라 차근차근 순서대로 흘러갈 거라 생각한다. 그러나 늘 직선으로만 뻗어 나가는 인생은 없다. 살다 보면 매일매일이 다르고 어제와 오늘이 결코 같을 수 없다는 것을 깨닫게 된다. 중년이 되기 전, 세상의 이치는 비교적 단순하다. 성적이 나쁘면 열심히 공부해서 올리면 되고, 남자친구가 없으면 좋은 사람을 만날 때까지 찾으면 되고, 취직을 못 하면 추천해 줄 만한 사람을 찾으면 된다. 하지만 이건 어디까지나 서른 살이 되기 이전의 이야기다.

서른이 넘으면 올곧게 뻗어 나가는 직선형 인생은 두 번 다시 돌아오지 않는다.

서른다섯 살, 이직하려면 어떤 곳으로 옮겨야 할까?

서른일곱 살, 아이가 좋은 초등학교에 들어가지 못하면 어떻게 해야 할까?

서른여덟 살, 남편이나 아내가 아닌 다른 사람을 사랑하게 되면 어떻게 해야 할까?

마흔 살, 회사에서 살리면 어떻게 해야 할까?

마흔한 살, 한밤중에 부모님의 전화를 받으면 어떻게 해야 할까?

답을 찾기 위해 검색 엔진을 켜 보면 이미 검색 기록에 같은 내용의 질문이 적혀 있는 것이 보이고, 곧 이것이 얼마나 오래된 불안인가를 깨닫게 된다.

이 문제에 대해서는 그 누구도 정답을 알려 줄 수 없다. 어렸을 때는 어떤 문제든 반드시 표준 답안이 있다고 믿었다. 하지만 나이가 들어 생각해 보니 어렸을 때에도 사실 표준 답안이라는 것은 없었다. 누군가는 빨리 성장하고, 누군가는 천천히 성장하기도 한다. 그런데 안타깝게도 사람들은 표준 답안만을 옳은 것으로 인정하고, '남의 집 아이'를 보면서 저렇게 살면 아무 걱정 없이 살 수 있겠다며 부러워한다.

게다가 지금 생각해 보면 표준 답안이 모두 정답은 아니었다.

대학입학능력시험에서 1등 한 사람이라고 해서 반드시 사회에 대단한 공헌을 하는 것도 아니고, 학업을 중도에 포기한 사람이라고 해서 모두 실패한 인생을 사는 것도 아니다. 학생 때 연애했다고 해서 대학에 떨어지는 것도 아니며, 학창 시절 연애하지 않고 공부만 했다고 해서 대단한 결혼을 하는 것도 아니다.

그렇다면 어떻게 살아야 완벽한 인생일까? 사실 나도 정답은 모른다. 하지만 한 가지 확실한 건 누가 뭐라고 하든 자신의 생각 대로 살아야 한다는 것이다.

당신이 지금 나이가 몇 살이든 상관없다. 부디 오늘부터 다른 사람들의 생각이 아닌 자신이 생각한 대로 살아갈 수 있기를 바란다.

어떤 순간에도
앞으로 계속 **나아가라**

#1

나는 청두(成都)를 굉장히 좋아한다. 도시 전체가 특색 있고 활력이 넘치기 때문이다. 하지만 청두는 나에게 그다지 친절한 도시는 아니었다. 나는 매운 음식을 못 먹는데, 청두에는 어딜 가나 고추가 널려 있고 컵라면도 전부 매운맛만 있다.

한 번은 청두의 한 서점에서 열린 사인회에 갔다가 매니저와 밥을 먹으러 갔다. 나는 음식을 주문하면서 식당 사장님에게 맵지 않게 만들어 줄 수 있느냐고 물었다. 그러나 사장님은 나를 한번 흘겨보며 그렇게는 안 된다고 단호하게 거절했다.

나는 내 상황을 구구절절 설명했다. 나는 외지에서 온 사람인데 매운 것을 못 먹는다, 매운 것을 먹으면 다음 날 온몸에 두드러기가 올라온다, 내일 중요한 행사가 있는데 얼굴에 뾰루지가 잔뜩 나면 곤란하다….

그러자 사장님이 웃으며 한마디 했다.

"약간 매콤한 맛은 괜찮죠?"

나는 마지못해 괜찮다고 말했다.

잠시 후 첫 번째 요리가 나왔다. 결론부터 말하자면 '약간 매콤한 맛'의 개념은 내가 생각한 것과 전혀 달랐다. 나는 얼마 먹지도 않았는데 땀을 비 오듯 흘렸고 눈까지 시뻘게졌다.

사장님에게 가서 너무 매워서 못 먹겠다고 물을 좀 달라고 말했다. 나는 사장님이 물을 가져오자마자 벌컥벌컥 들이켰다.

"사장님, 이거 약간 매콤한 맛 맞아요? 혹시 매운맛에 대해 뭔가 오해하고 있는 것 아닌가요? 혹시 이 매운맛으로 저를 죽이고 싶으신가요? 아니면…."

사장님은 내 말을 중간에 끊고는 점잖은 목소리로 '이런, XXXX.'라고 말하고 갔다.

청두 지역 사투리라 뭐라고 했는지 모르겠지만 분명 내가 살

생겼다고 얘기했을 것이다.

글을 쓰고 나서부터 매년 한 번씩은 청두를 방문했다. 2019년
에는 나의 사업 파트너이자 형제 같은 두 친구 인연과 스레이펑
을 초대해 함께 갔다. 그리고 2020년, 팬데믹이 잠잠해지자마자
기다렸다는 듯이 청두, 우한, 선전, 광저우 등 남방 지역 사인회
행사를 기획했다. 나는 남방 지역을 특히 사랑한다. 구름 한 점
없이 펼쳐진 파란 하늘과 사람들의 활기로 가득 차 있는 곳. 그곳
에 가면 특별한 영감이 떠오른다.

내가 글을 계속 쓰는 동안은 매년 전국 각지로 독자들을 만나
러 가겠다고 약속한 적이 있다. 2020년에는 출발이 조금 늦었지
만 다행히 사랑하는 독자들을 직접 만날 수 있었다.

#2

매년 전국으로 떠나는 사인회 투어는 이제 오랜 친구들과의
만남의 장이 되었다. 나는 학생 때부터 인연을 맺어온 독자들이
직장을 다니고 결혼을 해서 부모가 되는 모습을 지켜봤다. 이렇
게 일 년에 한 번 만날 때마다 독자들은 다양한 모습으로 변해 있

지만, 여전히 마음속에는 뜨거운 열정을 품고 있다.

2020년 청두에서 사인회가 열린 날, 맞은편에 영국에서 유학을 마치고 돌아온 한 여학생이 앉아 있었다. 그녀는 마이크를 잡고는 작년에 자신이 영국으로 유학을 떠난 첫 날, 그곳에서 소매치기를 만난 이야기를 했다. 나를 비롯해 모든 독자들이 눈을 동그랗게 뜨고 그녀를 바라봤다.

그녀는 자랑스럽게 이야기를 이어 나갔다.

"하지만 저는 태권도와 무술 유단자랍니다. 그놈이 훔쳐 간 제 물건을 다시 찾아왔죠."

모두들 폭소를 터트렸다. 잠시 후 그녀는 마이크를 잡고 자신의 이야기를 마저 했다. 소매치기를 물리칠 만큼 강인했지만, 나는 어쩐지 그녀의 눈빛에서 외로움이 느껴졌다.

유학 생활은 그녀에게도 쉽지만은 않았다. 독자들은 외국 생활이 힘들고 외롭지 않은지, 직장을 구하는 것이 어렵지는 않은지, 어른이 된 이후로 방황한 적은 없는지, 있었다면 어떻게 극복했는지 등을 물어봤다. 그녀는 타향에서의 외로움과 외국에서 직장을 구하지 못해 느꼈던 절망감, 그리고 귀국 후에 대한 두려움 등을 이야기했다. 담담하게 이야기했지만 얼마나 힘들고 외로운 시간이었을지 상상이 되었다. 이렇게 안타까운 마음으로 이야기에 집중하고 있는데, 그녀가 갑자기 나를 보고 소리쳤다.

"샹룽 오빠, 매니저분이 너무 잘생겼어요! 위챗 계정 좀 알려 주세요!"

나는 쑥스러워하는 매니저 샤오송의 옆구리를 쿡쿡 찔렀다. 그날 두 사람이 서로의 계정을 추가했는지 안 했는지는 잘 모르 겠다. 하지만 분명한 건 그녀의 마음속 깊이 자리한 슬픔이 또 한 번 그녀의 강인함에 눌려 고개를 들지 못했다는 것이다.

그 어떤 누구도 줄곧 긍정적이기만 할 수는 없다. 하지만 아주 오랫동안 긍정적인 척을 하는 것은 가능하다. 그렇게 진심을 숨 기다 보면 어느새 자신의 보호색이 만들어진다.

사람은 높이 올라갈수록 외로워진다. 높이 올라갈수록 공기 가 희박해져 아무도 당신을 격려해 주지 못하기 때문이다. 그러 므로 자기 자신을 스스로 응원할 수밖에 없다.

#3

작년에 행사가 끝날 무렵 한 남학생이 무대에 뛰어 올라와 마 이크를 잡고 이야기를 하기 시작했다. 그는 자신이 굉장히 내성

적이고 부끄러움을 많이 타는데, 그것을 극복하고 싶어 무대에 올라오게 되었다고 말했다. 그렇게 그 남학생은 자신의 이야기를 시작했는데, 어떻게 마무리를 해야 할지 모르겠던지 10분이 지나도 끝날 기미가 보이지 않았다. 현장에 있던 수백 명의 독자들이 술렁이기 시작했다. 남학생의 이야기는 앞뒤가 잘 맞지 않았고 스스로도 무슨 이야기를 하고 싶은 건지 잘 모르는 것 같았다. 결국, 내가 중간에 끼어들을 수밖에 없었다. 그렇지 않으면 밤을 새워도 이야기가 끝날 것 같지 않았다.

그리고 올해 그 남학생을 다시 만났다. 그는 마이크를 잡고 2분 정도 조리 있게 이야기를 한 다음 내게 질문을 던졌다. 나는 일 년 새 몰라보게 성숙해진 그의 모습을 보면서 마음이 울컥했다.

그리고 이런 말이 떠올랐다.

'성장이란 용기 내어 무대 위에 뛰어오르는 것이고, 성숙이란 말을 아껴야 할 때를 아는 것이다.'

잠시 후 나는 그의 책에 사인하면서 이렇게 썼다.

내년에 더욱 멋진 모습으로 만나기를 바랍니다.

인생에서 이별을 피할 수 없다면 부디 다시 만날 때는 너 나은 모습으로 만날 수 있기를 바랄 뿐이다. 다음에 만날 때 그는 또 어떻게 변해 있을까? 그리고 나는 또 어떻게 변해 있을까?

가끔 어렸을 때 쓴 일기를 보면서 이게 정말 나였나 싶은 생각이 들 때가 많다. 만약 그때의 내가 지금 내 모습을 본다면 자랑스러워할까? 잘은 모르겠지만 아마도 자랑스러워할 것 같다. 나는 지금 더 나은 사람으로 변하고 있기 때문이다.

#4

사인회에 가면 독자들에게 편지를 자주 받는데, 나는 이 편지들을 한 통도 빠짐없이 읽는다. 때로는 기차나 비행기를 타고 가면서 편지를 읽다가 뜨거운 눈물이 왈칵 쏟아져 나오기도 한다. 나는 편지야말로 가장 진실한 표현 방법이라고 생각한다. 휴대폰이 없던 시절에는 편지라는 가장 단순한 방법을 통해 깊은 진심을 전했다. 하지만 휴대폰이 생기고 나서부터 정보의 양은 많아졌지만, 이야기의 깊이는 점점 얕아지고 있다. 그런데 아직까지 이런 편지를 받고 있다니, 나는 정말 운이 좋은 사람이다. 편지 안에는 그 사람의 진솔한 이야기가 담겨 있다. 이러한 이야기를 읽고 나면 사람은 누구에게나 인생에서 넘어야 할 산이 있다는 걸 다시 한번 깨닫는다.

편지를 보낸 독자 중에 언론방송학을 공부하는 샤오우라는 여학생이 있었다. 그녀는 아나운서가 꿈이었지만, 입시에 실패한 뒤 자신의 인생이 끝났다고 생각했다. 가족들은 그녀를 이해하지 못했고, 친구들과도 점점 멀어졌다. 그러다가 어느 날 《당신은 겉보기에 노력하고 있을 뿐》을 읽고 잃어버린 꿈에 대한 열정이 되살아났다. 그녀는 모든 것은 이제 시작이고 자신은 아직 이렇게 젊으니 포기할 이유가 없다고 생각했다. 그래서 부모님의 반대에도 불구하고 다시 공부를 시작했다. 그녀의 노력에 하늘도 감동했는지 간절한 바람은 이루어졌고, 그녀는 현재 청두의 한 대학교 방송언론학과 2학년에 재학 중이라고 했다.

우리는 사인회 현장에서 만날 기회가 있었는데, 그녀는 대화 내내 붉어진 눈시울로 울먹거리며 이야기를 했다. 나는 그녀의 심정이 어떤지 누구보다 잘 알고 있었다. 나 역시 그런 과정을 모두 지나 오늘 이 자리에까지 왔으니 말이다. 시련에 부딪혀 쓰러졌지만 이를 악물고 다시 일어났을 때, 그리고 아무리 힘들어도 절대 포기하지 않고 해냈을 때 느끼는 심정이었을 것이다.

나는 그녀에게 내가 방송미디어 업계 사람들을 질 알고 있으니 나중에 도움이 필요하면 연락을 달라고 말했다. 내가 정말로 도움이 될 수 있을지 모르겠지만 그녀에게 매니저의 위챗 계정을 알려 줬다. 그리고 나중에 집에 돌아와 방송국에서 일하는 몇몇 친구에게 전화를 걸어 유능한 친구가 한 명 있는데 방송국에서 인턴으로 일할 수 있는지 문의했다.

호텔에 돌아와 그녀의 편지를 읽었다. 그 안에는 아까 이야기한 그녀의 모든 이야기가 담겨 있었다. 마치 지난날의 내 모습을 보고 있는 것 같았다.

샤오우 양, 정말 축하해요! 다음에 만날 때는 눈물 대신 웃음만 가득하길 바랍니다.

#5

청두에서 눈물을 보인 또 한 명의 남자가 있었다. 그는 눈물을 글썽이며 우표 한 뭉치를 내게 건넸다. 삼십 대 중반의 이 남자는 베이징에서 학교를 졸업하고 스촨으로 돌아와 한 호텔에서 일하고 있다. 그는 작년에 결혼했고, 곧 아빠가 된다고 했다.

그런데 어찌 된 일인지 별로 행복해 보이지 않았다. 그는 모든 것이 멈춰 버린 것 같다고 했다. 베이징에서 자신의 꿈을 이루고 싶었지만, 주어진 운명을 거스르기에는 능력이 부족했다고. 2010년 베이징을 떠난 이후 유일하게 간직하고 있던 것이 바로 이 우표 뭉치라고 했다. 그는 자기에게 더 이상 필요가 없으니 내가 유용하게 써 주기를 바란다면서 우표 뭉치를 건넸다.

우표를 쥔 그의 손은 떨리고 있었고, 나는 그런 그에게 무슨 말을 해 줘야 할지 몰랐다.

눈시울이 붉어진 그의 모습을 보니 예전의 내 모습이 떠올랐다. 사관학교에 들어가기 전, 나는 고등학교 때 친구에게 《우리가 잃어버릴 청춘(致我們終將逝去的青春)》이라는 책을 준 적이 있다. 그 책을 건네며 이렇게 말했다.

"이 책은 네가 가져. 나한테는 더 이상 필요 없는 책이야."

하지만 그 친구는 얼마 지나지 않아 그 책을 잃어버렸다. 그 책은 내 청춘의 무게를 담고 있었기 때문에 그에게 남아 있지 못했던 것이다.

마찬가지로 그에게 어떤 청춘의 아쉬움이 남아 있다 한들 그건 내가 해소해 주지 못한다. 어떤 미래를 기대하고, 어떤 청춘을 열망하며, 어떤 아름다움을 추구할 것인지는 오직 그 사람의 몫이다. 나는 앞으로 다가가 그를 꼭 안아 주며 말했다.

"이 우표는 우선 갖고 계세요. 다음에 베이징에 오시면 그때 다시 받겠습니다."

○○씨, 이 책을 보고 있을지 모르겠네요. 만약 보고 있다면 이 말을 꼭 해 주고 싶습니다. 조금 더 용감해지세요. 당신의 나이가 몇 살이든 앞으로 나아가는 발걸음을 멈추지 마세요. 서른이 넘었다고 꼭 어떻게 살아야 한다는 법은 없으니까요. 사람의 생각의 범위는 무한합니다. 삶이 당신은 무너뜨리게 하지 마세요. 당신을 무너뜨릴 수 있는 것은 오직 당신 자신입니다. 꼭 다시 만나요.

#6

조금 유쾌한 이야기로 분위기를 바꿔 보자. 한 번은 내가 작가라는 것을 알고 남학생 두 명이 사인을 해 달라고 다가왔다. 사인을 해 주려고 보니 그들이 내민 것은 국어책이었다.

나는 웃으며 두 사람에게 말했다.

"저는 영어 강사입니다."

두 사람은 어리둥절한 표정으로 나를 쳐다보다가 말했다.

"그래도 사인해 주세요."

그래서 나는 국어책에 사인을 해 줬다.

가끔 내가 영어 강사라는 사실을 잊어버릴 때가 있다. 작가와 영어 강사라는 경계를 오가면서 나 역시 어리둥절할 때가 많다. 나는 그 남학생에게 이렇게 말해 주고 싶었다. 이 세상에 한계는 없다고, 네가 더 큰 세상을 보고 싶다면 조금만 더 용기를 내 보라고 말이다. 나이가 많든 적든 내가 굳게 마음을 먹는다면 전혀 다른 세상을 볼 수 있다. 더 높이 올라가라. 높은 곳에서 바라보는 풍경은 훨씬 아름답다.

또 한 번은 머리숱이 얼마 남지 않은 젊은 남자가 아내와 함께 사인을 받으러 왔다. 엔지니어라고 자신을 소개한 남자는 매일 너무 피곤하다고 말했다. 나는 머리를 보니 정말 그런 것 같다며 농담을 했다. 그는 고등학교에 진학하지 못했지만 배우는 것을 게을리하지 않았고, 지금은 비슷한 연령대 사람들보다 성공한 편이며 돈도 많이 벌었다고 했다. 함께 온 아내는 행복한 표정으로 남자를 바라봤다. 그는 학력은 중요하지 않다며 지금 내가 무엇을 하고 얼마나 열심히 하고 있느냐가 가장 중요하다고 말했다. 나는 학력도 중요하지만, 당신이 지금 무엇을 하고 또 얼마나 열심히 하고 있느냐가 더 중요하다고 말했다.

#7

청두를 떠나기 전, 비가 부슬부슬 내렸다. 비가 내리는 고요한 도시의 풍경을 감상하며 마음속으로 이렇게 말했다.
'잘 있어. 내년에 또 올게.'

내가 사인회 행사를 좋아하는 건 독자들의 이야기를 들을 수 있기 때문이고, 그들이 해마다 달라지는 모습을 볼 수 있기 때문이다.

모든 만남은 한 번의 기록이 된다. 비록 짧은 기록이지만 그것은 영원히 남을 것이다.
비가 그치고 이제 밤하늘에 별이 반짝반짝 빛나고 있다. 모두들 편안한 밤이 되기를.

밝은 태양 아래서
아름다운 세상을 바라보라

#1

내가 쓴 《가시》라는 소설은 나중에 드라마로 제작되었다. 처음 극본 회의를 할 때 시나리오 작가들의 장난에 깜짝 놀랐다. 극본을 보니 극 중 최고 악역의 이름이 '룽'이었고, 늘 다른 사람들을 배려하면서 중요한 순간에 한샤오팅에게 도움을 주는 조력자의 이름은 '샹'이었다.

극본을 기획할 때 클라이맥스 부분은 대개 마지막 두 편에 배치해 놓는다. 여기서 내용을 모두 스포하지는 않을 테니 시간이 된다면 한 번 보기를 바란다. 다만 14편의 마지막 장면에서는 나조차 예상하지 못한 반전이 기다리고 있었다. 바로 '샹' 선생님이 건물에서 떨어져 자살을 하는 내용이었다. 그렇다. 매일 누구보다 환하게 웃던 그가 도대체 왜?

소설을 읽은 사람은 알 테지만, 한샤오팅을 구해 준 장평 역시 마지막에 옥상에서 떨어져 생을 마감한다. 왜 이렇게 착한 사람들에게 비극적인 일이 생기는 걸까? 다른 사람 생각은 조금도 하지 않고 제멋대로인 사람들은 멀쩡히 살아가는데 말이다.

내가 쓴 또다른 소설인《우리는 외롭게 성장한다》에서는 아이치라는 사람에 대한 이야기가 나온다. 그는 언제나 사람들을 격려하고 긍정적인 에너지를 불어넣어 주며, 세상을 살아가는 이치를 가르쳐 주고 싶어 했던 사람이었다. 그런데 나중에 보니 그가 했던 모든 말들은 사실 자기 자신에게 해 주고 싶은 말이기도 했다. 그의 인생도 이미 오래전부터 녹록지 않았기 때문이다.

극 중의 이런 인물들은 내 모습과 많이 닮아 있다. 사실 장평, 샹 선생님, 아이치라는 인물의 원형은 바로 나 자신이다. 작가는 자신의 인생 테두리 밖에 있는 사람들에 대해서는 쓰지 못한다. 그들은 자신의 괴로움을 글이라는 해독제를 통해 풀어내고, 인생의 여러 가지 갈증을 글이라는 물을 통해 해소한다.

#2

나의 블로그 이름은 '샹룽 선생'이다. 그래서 대부분의 학생들이 내 성을 '샹'으로 알고 있다. 그래서 강의를 시작할 때마다 학생들에게 가장 먼저 하는 말이 있다.

"여러분, 저는 '샹' 씨가 아닙니다."

그런데 재미있는 건 이렇게까지 말하는데도 학생들은 나를 '샹 선생님'이라고 부르는 걸 좋아한다. 나는 아이들이 나를 '샹 선생님'이라고 부를 때마다 나는 '샹샹룽'이 아니라고 농담한다.

지난 몇 년간 강의를 하면서 배운 두 가지가 있다. 바로 '유머'와 '격려'다. 이 두 가지는 일하거나 인생을 살아가면서 이것만큼은 꼭 시켜야겠다고 다짐한 원칙이다. 유머는 강의실을 더우 밝고 즐거운 곳으로 만들어 주었고, 격려는 학생들이 더 멀리 나아갈 수 있도록 도와주었다. 또 유머는 괴롭고 슬픈 일들을 잊게 만들어 주었고, 격려는 내가 계속 앞으로 나아갈 수 있게 힘을 실어주었다.

하지만 안타깝게도 현실은 우리가 기대하는 것과 다르다. 온갖 괴로움과 슬픔으로 가득 찬 현실에서는 그 어떤 유머와 격려도 힘을 발휘하지 못할 때가 많다. 고요한 한밤중에 끝없이 펼쳐진 밤하늘을 바라보다가 문득 내가 정말로 원하는 인생은 무엇인가 생각해 보면 갑자기 슬픔이 찾아오기도 한다. 인생은 낙엽과 같아서 바람에 아무리 멀리 나부껴도 결국은 땅에 떨어지게 된다.

#3

2019년 초에 우울증 진단을 받았다. 나는 워낙 낙천적인 성격이었기 때문에 진단받기 전까지만 해도 우울증은 평생 나와는 상관없는 병이라고 생각했었다. 그때 나는 빠른 속도를 요구하는 비즈니스와 깊이를 추구하는 개인적 생활 사이의 관계를 제대로 처리하지 못했다. 낮 동안 회사 경영과 관련된 다량의 업무를 정신없이 처리하고, 저녁에 집에 돌아와서는 마음을 가라앉히고 조용히 앉아 글을 썼다. 그렇게라도 글쓰는 것이 내게는 큰 위로가 되었다. 하지만 일단 일이 바빠지기 시작하면서 개인적 시간이 전혀 없게 되었고, 이러한 무거운 압박 속에 서서히 원동력을 잃어 갔다. 사람이 목표가 사라지면 공허함이 찾아오는 법이다. 나는 언제부터인가 술을 마시지 않으면 잠을 자지 못했고 나중에는 술을 아무리 많이 마셔도 잠을 잘 수가 없었다. 그 순간 건강이 염려되기 시작했다.

그래서 베이징에서 가장 유명한 정신의학과가 있는 베이징대학교6병원(北醫六院)에 진료 예약을 잡았다. 진료 당일, 아침에 담담히 일어나 병원으로 향했고, 내 순서를 기다릴 때까지만 해도 피곤하다는 것 외에는 아무 생각이 없었다. 그러나 진료실에 들어가 의사와 한두 마디 대화를 나누자마자 어린아이처럼 엉엉 울기 시작했다. 나는 잠을 못 자서 너무 힘들다고 말했다. 겨우 잠이 들더라도 아주 높은 곳에서 아래로 떨어지는 꿈을 꿨고, 바닥으로 떨어지기 일보 직전에 가까스로 잠에서 깼다. 어떤 날은 사람들이 칼을 들고 쫓아오는 꿈을 꾸기도 했는데, 미친 듯이 도망치는 것 외에는 할 수 있는 일이 없었다.

의사는 내게 무슨 일을 하느냐고 물었고, 나는 내가 하고 있는 일에 관해 이야기했다. 그러자 의사가 혹시 자랑하러 오신 건 아니냐고 웃으며 물었다. 아마 내가 계속 울고 있지 않았다면 의사도 서른 살에 이미 남들이 부러워할 만한 성공을 거둔 내가 우울증에 걸렸다는 사실을 믿지 않았을 것이다. 나중에 머리에 투구

같은 기구를 쓰고 정밀 검사를 받은 뒤에야 나는 중도 우울증 진단을 받았다.

의사는 약을 처방해 주며 이렇게 물었다.

"아직 나이도 젊고 그 정도면 벌써 성공하신 것 같은데 무슨 스트레스를 그렇게 많이 받으세요?"

인생의 중압감이 짓누를 때는 그 누구도 쉽게 고개를 들지 못한다. 격려와 유머가 잠깐의 웃음을 선물할 수는 있어도 나의 일생을 구제해 주지는 못한다는 걸 그제야 깨달았다.

지난 몇 년간 정말 열심히 일했다. 사실 일할 때는 정말 눈코 뜰 새 없이 바쁘기 때문에 딴생각을 할 시간조차 없었다. 하지만 일단 조용히 혼자 있는 시간이 찾아오면 내면세계에 위기가 찾아왔다. 나는 머릿속의 시끄러운 소리들을 잠재우기 위해 밤마다 술을 마셨다. 그렇게 술에 취해 잠이 들면 침대에 누워 한참을 뒤척일 필요도 없었다. 그러면 안 된다는 걸 알면서도 어쩔 수 없었다. 정신없이 바쁘지 않으면 우울증은 때와 장소를 가리지 않고 찾아와 내 생활을 산산조각 내려 했다.

예전에 이렇게 쓴 적이 있다.

글은 축복이 될 수도 있고, 저주가 될 수도 있다.

2018년 한샤오팅에게 무한한 희망을 심어 준 작가 장평의 이야기를 썼다. 그는 끝내 몸을 던져 자살함으로써 일생의 사명을 다했다. 드라마 속 상 선생님도 그렇게 세상과 고별했다. 아이치는 마지막 달콤한 말을 남기고 미쳐 버렸다. 나는 소설 《가시》를 탈고한 이후 한동안 불면증에 시달렸다. 내가 쓴 글이 '저주'가 되어 나에게 돌아오면 어쩌나, 혹시나 나도 그들처럼 충동적으로 생을 마감하지는 않을까 두려웠다.

그러다 그동안 내가 누군가를 위해 썼던 따뜻한 글과 격려의 말들이 사실은 나 자신에게 해 주고 싶은 이야기였다는 것을 깨달았다. 누군가를 향했던 따뜻한 미소는 내가 나에게 보내는 웃음이었고, 누군가에게 북돋워 줬던 용기가 사실은 나를 향한 격려였다는 것을 말이다.

#4

나처럼 사관학교 출신 친구들은 대부분 조증이나 우울증 같은 크고 작은 정신장애를 갖고 있다. 그런데 이들 외에도 주변에서

서른 살 즈음에 우울증 증세를 보이는 사람들이 점점 많아지고
있다.

　우울증은 별것 아닌 것처럼 보여도 한번 물면 절대 놓아 주지
않는 미친개처럼 사람을 미치게 하는 병이다. 그것은 함부로 떨
쳐 낼 수도, 죽일 수도 없기 때문에 차라리 잘 달래서 함께 살아
가는 법을 배워야 한다. 중요한 순간마다 자신의 감정을 잘 조절
하고, 기분이 가라앉을 때는 스스로를 따뜻하게 안아 줘라. 그리
고 기억해라. 당신을 도와줄 수 있는 사람은 오직 당신 자신뿐이
다.
　우울증 초기에는 기분이 다운되고 모든 일에 흥미를 느끼지
못한다. 또 사고 능력이 떨어지고 체중 변화가 크게 일어나는 등
멀쩡하던 사람이 한순간에 다른 사람처럼 변한다. 전화를 해도
받지 않고 목소리에 힘이 없고 피곤한 기색이 역력한 채 아무도
만나려고 하지 않는다.

　드라마 촬영을 시작하기 전 배우 쑤칭이 나를 찾아와 물었다.
왜 한샤오팅은 괴로울 때마다 가시로 자신을 찌르는 거냐고. 나
는 어떻게 대답을 해 줘야 할지 몰라 참고할 만한 책을 한 권 선
물했다. 그 책은 PTSD, 즉 외상후 스트레스 장애에 관한 이론서

였다. 그녀는 책을 다 읽고 나서 내게 메시지를 보냈다.

'이제 이해가 되네요. 한샤오팅은 가시로 스스로를 고통스럽게 할 때 비로소 자신이 살아 있다는 걸 느끼기 때문이라는 걸요.'

그렇다. 고통을 느낀다는 건 자신이 살아 있다는 증거다. 하지만 이 고통이 계속된다면 그 사람은 어떻게 될까?

세상에는 여러 가지 병들이 있고 대부분 뚜렷한 증상이 있다. 예를 들어 감기에 걸리면 열이 나고, 넘어지면 피가 나거나 멍이 든다. 하지만 정신적인 질병, 즉 마음의 병은 증상이 뚜렷하게 나타나지 않다가 쌓이고 쌓여 극단적인 방법으로 폭발해 버리는 경우가 많다. 그런데 대부분의 사람들은 자신의 상태에 관심을 기울이지 않거나 심지어는 다른 사람들의 시선이 두려워 괴로움을 숨기기도 한다.

사실 우울증에 걸린 사람들에게 가장 괴로운 긴 증상 자체가 아니라 치료를 받는 일이다. 병원에 가서 진단을 받는 순간 남들과 다른 사람이 되어 버리고 다른 사람들이 자신을 어떻게 바라볼까 걱정되기 때문이다.

하지만 사실 대도시에서 우울증은 아주 흔한 질병이고, 주변에 이 '샹룽 선생'처럼 우울증에 걸린 사람들이 생각보다 많다. 미국에서는 심리 상담이나 치료를 받는 사람들이 정말 많은데, 아직 중국에서는 정신 질병에 대한 인식이 낮은 편이고 오해가 남아 있어서 그럴 것이다.

나중에 시나리오 작가와 극본에 대해 이야기하면서 우울증 환자들에게 더 많은 관심을 기울여야겠다는 생각을 했다. 만약 사람들이 제때 병을 진단받고 치료받을 수 있다면 드라마 속 샹 선생님과 같은 비극은 두 번 다시 일어나지 않을 테니 말이다.

#5

2019년 말, 나는 의사의 조언에 따라 매일 운동하기 시작했고, 일을 줄이고 사람들과 더 많이 어울리려고 노력했다. 그리고 가족들과 친구들의 도움으로 빠르게 회복할 수 있었다.

다시 검사를 받으러 갔을 때 의사가 웃으며 말했다.
"이제 완전히 회복하신 것 같네요."
그리고 이런 농담을 던졌다.

"제가 처방해 준 약이 효과가 아주 좋았나 보네요?"

나는 웃으며 정말 그런 것 같다고 말했다. 그러나 사실 나는 처방 받은 약을 한 알도 먹지 않았다. 물론 이 방법은 우울증을 치료할 때 절대 권하는 방법이 아니다. 어쨌든 나는 우울증을 통해 인생의 새로운 균형을 찾을 수 있었다.

샹 선생님이나 장펑이라는 인물을 통해 이러한 부류의 사람들에 대해 더 많은 관심을 가질 수 있기를 바란다. 그들은 평소 사람들 앞에서는 늘 밝게 웃고 있지만 사람들이 떠나고 혼자가 되면 괴로운 마음에 죽음을 생각하기도 한다. 우울함이 찾아오면 아무리 애써 감추려고 해도 할 수 있는 것이 아무것도 없다. 그들이 무심코 내뱉는 한마디가 어쩌면 살려 달라는 간절한 구조 요청일 수도 있다.

어떤 배우는 이렇게 말했다. 진정한 우울증은 인생에 고난이나 시련이 찾아왔을 때 슬픈 것이 아니라, 모든 것이 다 좋은데도 슬픈 것이라고 말이다. 우울증에 시달리는 사람들은 웃는 얼굴 뒤에 절망을 숨기고 있다. 그들에게는 지극히 평범한 말 한마디도 날카로운 칼처럼 느껴질 수 있다.

하지만 부디 어떤 상황에서도 살아남아야 한다. 죽음을 생각하지 말고 의미 없게 생을 마감하려고 하지 말아야 한다. 살아남은 사람만이 내가 미친개를 스스로 다스릴 수 있다는 것을 느낄 수 있고, 따뜻한 햇볕 아래로 나와 아름다운 세상을 감상할 수 있다.

드라마 〈가시〉 속 샹 선생님은 떠났지만, 나는 언제까지나 여러분 곁에 있을 것이다. 때로는 고통이 삶의 또 다른 선택지를 주기도 하지만, 나는 결코 그 선택을 하지 않을 것이다.

많은 사람들이 이 드라마를 통해 주변에 우울증을 앓고 있는 사람들에게 더 많은 관심을 가질 수 있기를 바란다. 그들을 치유할 수 있는 방법은 오직 '사랑'이다. 주변 사람들의 사랑도 세상의 사랑도 모두 중요하지만, 가장 중요한 것은 자기 자신에 대한 사랑이다.

우리는
외롭게 성장한다

#1

    2020년, 세계적인 팬데믹이 시작되었다. 세계 경제가 하락하고, 마스크는 사람들의 필수품이 되었으며, 어두운 기운이 온 세상을 뒤덮었다. 전 세계 사람들이 일 년 내내 전염병 확산세가 잠잠해지기만을 기다렸지만, 희망은 보이지 않았고 많은 사람들이 생활고에 시달리며 힘든 시간을 보냈다.

    그런데 이렇게 힘든 시기에 인생에 큰 변화가 찾아온 친구가 있다. 그의 이름은 스레이펑, 나의 좋은 친구이자 동업자다.

2020년, 그는 자신의 첫 책 《영원히 발걸음을 멈추지 마라》를 출간했다. 이 책은 출간되자마자 큰 인기를 끌며 단숨에 인터넷 서점 당당(當當)의 신간 코너 1위 자리에 올라 한 달 이상 순위에 머물렀다. 나 역시 작가라는 직업을 겸하고 있기 때문에 출판 업계에 종사하는 많은 사람들이 나를 찾아와 물었다.

"대체 이 작가 누구예요? 책이 정말 잘 팔리던데요."

사실 이것은 나의 도움 없이 그 친구 혼자서 얻어 낸 결과였다. 그는 시간을 두려워하지 않고 환경의 변화와 상관없이 묵묵히 자신의 손에 쥔 검을 닦았기 때문에 때가 찾아왔을 때 당당히 더 넓은 세상을 향해 나아갈 수 있었던 것이다.

스레이펑 선생과 오랜 시간을 알고 지냈는데, 그동안 그의 변화는 정말 놀라웠다. 그는 허베이성 한단(邯鄲)의 농촌 마을에서 태어나 한 걸음 한 걸음 자신의 길을 개척해 나갔고, 이제는 대학 강사이자 창업자이자 영어 강사라는 여러 직업을 갖게 되었다. 그뿐만 아니라 최근에는 내 소설을 바탕으로 만들어진 드라마에 출연하면서 단역이지만 배우라는 타이틀까지 얻게 되었다.

특히 지난 일 년 동안 스레이펑에게는 큰 변화가 나타났다. 그리고 그건 나만의 생각이 아니었다. 하루는 송팡진(宋方金) 감독님과 술을 마시다가 스레이펑에 관한 이야기가 나왔는데 우리

둘 다 이구동성으로 이렇게 말했다.

"그 친구 요즘 강연 실력이 정말 뛰어나던데!"

스레이펑은 장소와 규모를 불문하고 언제 어디서든 능숙한 강연 실력을 보여 줬다. 처음에 강연을 시작했을 때는 긴장을 많이 해서 그런지 청중들의 반응이 냉랭했지만, 지금은 반응이 정말 폭발적이다. 그가 첫 번째 순서로 강연한 날이면 현장의 열기가 어느 때보다 뜨겁다.

스레이펑은 강연 외에도 다양한 분야에서 활약하고 있다. 특히 최근에 드라마 〈가시〉에 단역으로 출연한 이후 여러 드라마 제작팀에서 카메오 출연 요청이 들어올 정도로 그의 인기는 고공행진 중이다. 스레이펑의 개인 블로그를 자주 들어가 보는 사람들은 잘 알겠지만, 최근 그의 글쓰기 실력이 몰라보게 좋아졌고, 또 무서울 정도로 많은 글을 쓰고 있다.

광둥에서 출간 기념 사인회를 할 때, 그는 매번 강연 때마다 다른 원고를 준비해 왔다. 차에 타기만 하면 원고를 썼고, 전날 밤늦게까지 술을 마셔도 다음 날 아침이면 일찍 일어나서 달리기를 했다. 나는 그가 결코 적지 않은 나이임에도 불구하고 이렇게 철저히 자기 관리를 하는 모습에 크게 놀랐다.

나는 그의 변화를 통해 시대석인 상황이나 주변 환성도 물론 중요하지만 그보다는 그 안에 살고 있는 개인이 무엇을 어떻게 하는지가 더 중요하다는 사실을 깨달았다. 스레이펑이 예전에 학생들에게 이렇게 말한 적이 있다.

"다른 친구들이 무엇을 하든 그건 중요하지 않다. 너 자신이 무엇을 하는지가 가장 중요하다."

하지만 안타깝게도 사람들은 대부분 다른 사람들이 무엇을 하는지에만 관심을 가질 뿐 자기 자신을 돌아볼 생각은 하지 못한다.

#2

소설 《가시》는 '폭력'에 관한 이야기를 담고 있다. 정확히 말하면 집단 폭력에 대한 이야기다. 10년 전 학교 폭력의 피해자였던 한 소녀가 어른이 되어 한 기업의 고위관리자가 되고, 그곳에서 옛 동창을 만나게 된다. 참고로 이 친구는 그녀에게 직접적인 폭력을 가하지 않았다. 다만, 그녀가 폭행을 당하는 걸 보면서도 옆에 서서 웃고 있던 친구였다. 소설의 두 번째 파트에 이런 부분이 있다.

류타오가 한샤오팅에게 물었다.

"넌 대체 나를 왜 이렇게까지 괴롭히는 거니?"

한샤오팅이 대답했다.

"네가 그때 웃었으니까."

이렇게 서로가 서로를 끊임없이 괴롭히는 상황에서 50년이라는 시간이 흘렀다. 이제 폭력은 인터넷이라는 기술을 등에 업고 밑도 끝도 없이 행해지고, 아무도 자신의 말에 책임을 지지 않는 세상이 되었다. 소설은 이러한 폭력으로 인해 벌어지는 악순환에 대해 이야기한다.

내가 이 소설을 통해 이야기하고 싶었던 주제는 두 가지였다. 첫 번째는 '사랑과 폭력의 관계'. 두 번째는 '학교 폭력은 당연 잘못된 것이지만, 과연 그 옆에서 방관하던 사람들에게는 잘못이 없는 것인가' 하는 문제에 대해 생각해 보고 싶었다.

나는 실제로 고등학교 때 이런 광경을 목격한 적이 있다. 화장실 앞을 지나가는데 한 여학생이 무리에 둘러싸여 괴롭힘을 당하고 있었다. 다른 학생들은 이 광경을 보고 크게 웃기도 하고 못본 척 지나쳐 버리기도 했다.

그때 한 남학생이 나타나 소리쳤다.

"당장 그만둬!"

그제야 몇몇 학생들이 다가와 괴롭힘을 말리고 여학생을 구해 줬다. 나는 이 소설을 통해 집단과 분리된 개인의 모습을 생각해 볼 수 있기를 바랐다.

나중에 소설 《가시》를 바탕으로 제작된 드라마가 요쿠(YOUKU) 에 방영되었다. 드라마의 영향력은 생각보다 컸고, 관련 부문에 서도 학교 폭력 문제에 관해 더욱 많은 관심을 기울이는 계기가 되었다. 더욱 중요한 건 점점 더 많은 사람들이 방관과 비웃음 역 시 일종의 폭력이라는 사실을 인식하게 되었다는 것이다.

이 드라마는 방영 첫날 드라마 차트 2위까지 올라가며 대단한 반향을 일으켰다. 지금은 모두 무료로 시청 가능하다.

요즘은 대부분 고등학교에 '학교 폭력 방지 센터'가 하나씩 있 다. 혹은 설치될 예정이거나 말이다. 이곳은 학교 폭력이나 따돌 림을 당했을 때 보호받을 수 있는 곳이다. 모든 부모님과 선생님 들이 이 드라마를 통해 밝고 평탄하기만 할 것 같은 자녀들의 청 춘 뒤에 얼마나 큰 고통과 아픔이 숨어 있는지 볼 수 있기를 바란 다.

이 드라마는 학교 폭력 관련 법안 제정을 촉진하기도 했다. 사람들은 내가 법안 제정에 앞장섰다며 감사한 마음을 전했다. 하지만 나는 그렇게 생각하지 않는다. 이것은 우리 모두가 바르고 정의로운 선택을 할 수 있다는 것을 깨달았기 때문에 가능한 일이다.

#3

나는 《가시》를 완성하고 나서 곧바로 《인물설정(人設)》이라는 소설을 썼다. 이렇게 연달아 두 편의 소설을 쓰고 나니 완전히 기운이 빠져 버렸다. 원고를 탈고한 이후에는 혼자서 자주 산책하거나 술을 마시며 생각을 비우려고 노력했다. 그 무렵 주변에 결혼한 친구가 많았는데, 이미 절반 이상이 이혼했다.

2020년과 함께 시작된 팬데믹으로 인해 사람들은 집 안에만 머물러야 했다. 늘 바쁘게 동분서주하던 젊은 부부들이 집에 함께 있게 되었으니 당연히 올해 출산율이 증가하리라 예상했다. 그러나 증가한 건 출산율이 아니라 이혼율이었다. 민정부(民政部, 한국의 행정안전부에 대응하는 국가 기관-역주) 통계 데이터에 따르면 2020년 전국의 이혼율은 40%에 달했고, 그중 90년대생 젊은 부부의 이혼율이 45%로 높은 비중을 차지하고 있다고 했다.

최근에도 이혼율은 계속 증가하고 있는 추세다. 오죽하면 00년대생 어린 친구들은 사랑을 믿지 않는다고 말할 정도다. 결혼해도 언젠가 이혼하게 될 거라는 생각 때문이다. 그들에게 왜 그렇게 생각하느냐고 물었더니 이런 대답이 돌아왔다.

"저희는 지금까지 그런 모습들만 봐 왔으니까요."

나는 이러한 생각들을 안고 다시 글을 쓰기 시작했다. 그리고 얼마 후 《우리는 외롭게 성장한다》를 출간했다. 내가 이해한 사랑과 결혼에 대한 생각을 네 사람의 이야기를 통해 이 책에 풀어냈다. 이미 많은 사람들이 결혼하고 또 이혼하는 나이가 되었지만, 우리 세대는 유독 결혼에 대해 모호한 개념을 갖고 있다. 많은 사람들이 결혼을 기대하면서도 두려워하고 있고, 실제로 결혼생활에 많은 어려움을 겪고 있기도 하고 말이다.

서양의 결혼은 부부와 신이라는 삼각체제를 바탕으로 이루어진다. 하지만 중국의 삼각체제는 구성요소가 조금 다르다. 부부와 아이, 부부와 어머니, 부부와 일, 부부와 강아지 등… 부부 옆에 무엇이든 붙는다. 단, 사랑만 붙지 않을 뿐이다.

어느새 우리는 결혼을 논할 나이가 되었지만, 우리 세대의 결혼은 지난 세대와 다르다. 우리는 이유를 모르고 방황하고, 기대하고, 또 두려워한다.

나는 신혼부부 수십 쌍을 인터뷰하고 시중에 나와 있는 결혼 관련 서적들을 모조리 읽은 뒤 비장한 마음으로 글을 쓰기 시작했다. 그런데 베이징에서 글을 쓸 때의 문제는 자꾸만 사람들이 술을 마시자고 불러낸다는 것이었다. 결국 석 달 동안 글쓰기를 제대로 시작하지도 못 하고 그리스로 날아갔다. 나는 그리스의 한 섬에서 한동안 머무르며 글쓰기에 전념했다.

　　내가 머물던 섬의 이름은 밀로스 섬이었는데, 깊은 바다와 파란 하늘이 펼쳐진 아름다운 곳이었다. 밀로스 섬은 사랑의 여신 아프로디테가 탄생한 곳으로 알려져 있는데, 아프로디테가 물에서 나와 모습을 드러낸 뒤 섬으로 올라왔다고 한다. 사람들은 밀로스 문명이 곧 고대 그리스 문명이라고 말하기도 한다. 어쨌든 나는 이 아름다운 섬에서 결혼과 사랑에 관한 책을 완성했다.

　　마지막 날 밤, 한 술집에서 늦게까지 노트북을 펼쳐 놓고 글을 쓰고 있었다. 그때 민소매에 슬리퍼를 신은 유럽 남자 하나가 다가와 모니터를 가만히 쳐다봤다. 이차피 그가 읽지 못한다는 것을 알았기 때문에 처음으로 누가 글을 쓸 때 쳐다보는 것에 개의치 않았다. 그는 여러 가지 부호들이 무슨 의미일까 호기심 어린 눈으로 바라보다가 서툰 영어로 물었다.

"What are you writing about(어떤 글을 쓰고 있나요)?"

"I am writing stories about love and marriage(사랑과 결혼에 관한 글을 쓰고 있습니다)."

"Oh, interesting(아, 정말 재미있겠네요)."

그러고는 갑자기 서툰 영어로 자신의 러브스토리를 이야기하기 시작했다. 그렇게 한참 이야기를 듣다 보니 그가 이미 술에 취해 있다는 걸 알 수 있었다. 그의 서툰 영어 실력 때문인지 아니면 두서없는 전개 때문인지 솔직히 영어 강사인 내 듣기 실력으로도 그가 하는 이야기를 이해하기는 힘들었다. 그는 마지막에 나와 악수를 나누고 볼에 키스까지 하고 유유히 떠났다.

그가 떠난 후 나는 그 자리에 계속 남아 글을 썼다. 그날 밤, 여러 가지 생각을 하다가 역시 세상에서 가장 아름다운 건 사랑이라는 생각이 들었다. 사람들은 언어가 다르고, 국적이 다르고, 피부색이 달라도 사랑이라는 공통된 주제로 깊은 이야기를 나눌 수 있다.

사실 나는 결혼에 관해서는 발언권이 없다. 결혼이란 일종의 사회제도이자 정치적인 결과이기 때문이다. 하지만 사랑에 관해서는 다르다. 우리는 반드시 서로 사랑해야 한다고 생각한다. 사랑하지 않으면 우리에게 남는 건 죽음뿐이다.

그날 그 술집에서 밝은 달빛 아래 앉아 원고를 마무리했다. 내가 원고를 끝마쳤을 때 처음 인터뷰를 했던 수십 쌍의 신혼부부 중 두 쌍이 이미 이혼을 했다. 이것이 바로 떠들썩하면서도 고독한 우리 세대의 결혼이다.

어제 MBA 동기로부터 전화를 받았다.

"리샹룽, 너 이 자식 왜 나를 울리고 그래!"

재무와 투자 분야에서 일을 해서 늘 침착하고 이성적인 친구였는데, 그런 그가 울었다고 하니 나도 깜짝 놀랐다.

그는 이야기에 나오는 아이치라는 인물이 대체 누구냐고 물었다. 나는 아무 말도 하지 않았지만, 사실 아이치가 곧 나 자신이라는 것을 누구보다 잘 알고 있었다. 다른 사람들에게 보냈던 따뜻한 위로와 격려는 사실 자기 자신에게 들려주는 이야기였다. 세상이 혼란스럽고 자신의 인생마저 바닥을 치고 있었지만, 아이치는 다른 사람들에게 '힘내'라는 말을 아끼지 않았다. 그는 흔히 말하는 '소수의 사람'이었다. 아니, 사실 사람은 누구나 아이치처럼 '소수의 사람'이 될 수 있다.

《우리는 외롭게 성장한다》는 내가 썼던 책들 중에 가장 깊이 있는 내용을 담고 있다. 앞으로 이런 책을 또 쓸 수 있을지 지금으로서는 장담할 수 없다. 소설은 결혼 이야기를 담고 있는 것처럼 보이지만, 사실은 누구도 피할 수 없는 깊고 심오한 고독에 관해 이야기한다.

우리는 살면서 고독한 순간을 끊임없이 마주한다. 그럴 때 오직 나 자신만이 나와 함께 할 수 있다.

#4

사람은 고독하기 때문에 큰 흐름을 따라가려는 경향이 있다. 하지만 그렇게 따라가다 보면 어느새 자기 자신을 잃어버리게 된다.

2008년 우한을 떠난 이후 12년이라는 시간 동안 내게는 수없이 많은 고독의 순간이 있었다. 다행히 그럴 때마다 내 옆에는 내가 함께 있었다. 우한을 떠나 사관학교에 들어갔을 때 매일 집이 그리워 울고 싶었지만, 이를 악물고 부모님께 전화하고 싶은 마음을 참았다. 나중에 신동방에 들어가 하루에 열 시간씩 강의할 때도 그랬다. 강의하는 시간에는 떠들썩하고 흥이 넘치다가도 강의가 끝나면 고독이 밀려왔다. 나는 수업이 끝나면 베이징의 밤하늘 아래 쪼그려 앉아 컵라면을 먹으면서 절대 포기하지 말라며 스스로를 격려했다.

지금도 때때로 고독한 순간이 나를 찾아온다. 하지만 고독함은 나를 더 나은 사람으로 변화시켰고, 내가 어떤 사람인지 알게 해 줬다.

만약 과거의 리샹룽을 만날 수 있다면 '고독을 두려워하지 말라'고 말해 주고 싶다. 세상에 나를 알아 주는 사람이 없어도 꿋꿋이 앞으로 나아가고, 고독하지만 더 나은 내가 되기 위한 발걸음을 멈추지 않기를 바란다.

음악에 새겨진
기억

#1

안후이 허페이의 한 뮤직바에서 가수들이 노래를 부르고 있다. 그들은 무대 아래에 누가 있는지 알지 못했고, 우리도 어쩌다 갑자기 이곳에 들어오게 되었는지 알지 못했다. 사인회 행사 때문에 타지에 갈 때면 함께 간 동료들과 술을 마시며 잠시나마 긴장을 풀고 즐거운 시간을 보낸다. 이렇게 베이징을 떠나 있을 때 비로소 머릿속에 복잡한 생각들이 사라지고 어린 시절의 순수함을 되찾게 된다.

흘러나오는 음악이 청각을 자극했는지, 아니면 익숙한 멜로디가 깊숙이 숨어 있던 기억을 불러냈는지, 어찌 되었든 우리 세 사람은 뮤직바에 들어가 자리를 잡고 앉았다.

무대 아래에는 조용히 술을 마시는 사람들도 있고, 멍하니 앉아 있는 사람들도 있고, 일부 시끄럽게 떠들고 있는 사람들도 있었다. 대부분의 사람들은 말없이 앉아서 휴대폰만 바라보고 있었다. 어두운 가운데 휴대폰 불빛이 사람들의 얼굴을 비추고 있었는데, 그 모습이 어쩐지 기괴해 보였다.

무대 위에 가수들은 열심히 노래를 불렀다. 마치 모든 사람들이 귀 기울여 듣고 있고, 모두가 그들의 노래에 공감하고 있기라도 한 것처럼 말이다. 그러나 무대 아래 사람들은 대부분 휴대폰 화면에만 시선이 고정되어 있었고, 노래가 끝나고 박수를 치는 사람도 거의 없었다. 가수들은 어색한 분위기에서 다음 노래를 부르기 시작했다.

나는 스레이펑을 바라봤다. 그는 이미 술에 조금 취한 것 같았다. 그곳은 가수들에게 듣고 싶은 노래를 신청할 수 있는 곳이었고, 나는 스레이펑에게 신청하고 싶은 노래가 있는지 물었다.

그러자 스레이펑이 말했다.

"나는 노래 신청 말고 나가서 노래를 부르고 싶은네."

내가 말했다.

"됐어. 그냥 가수들이 불러 주는 노래나 듣자."

그때 갑자기 가수들이 부르던 노래를 멈췄다. 아마 곡을 신청한 손님이 갑자기 신청을 취소한 것 같았다. 나는 곧장 종업원을 불러 종이에 무언가를 적은 다음 무대 위에 올라가 소리쳤다.

"잠깐만요, 저희가 신청할게요!"

가수들 중 한 명이 마이크에 대고 정중히 말했다.

"감사합니다."

나는 그들에게 '세월의 이야기(光陰的故事)'라고 적힌 쪽지를 건넸다. 곧이어 노래가 시작되었고, 무대 아래 있던 사람들은 약속이나 한 듯 노래를 따라 부르기 시작했다. 사람들은 하나둘 휴대폰을 내려놓고 무대를 바라보면서 오랫동안 알고 지낸 친구들처럼 함께 노래를 불렀다.

이 노래를 좋아하게 된 건 영화 〈아메리칸드림 인 차이나(中國合夥人)〉를 보고 나서부터였다.

흐르는 물과 함께 세월의 이야기도 흘러가네.
다정하던 청춘을 보내며 그 사람은 달라졌지.

노래를 처음 들은 순간부터 이 가사는 내 머릿속에 계속 맴돌았다.

나는 스레이펑을 가만히 바라봤다. 신동방에 처음 입사했을 때부터 카오충을 창립하고 페이츠 아카데미를 설립했을 때까지 우리는 벌써 오랜 시간을 함께했다. 나는 그가 결혼해서 아이를 낳고, 이십 대의 청년이 삼십 대의 어른으로 성장하는 모습을 옆에서 모두 지켜봤다.

언젠가 술을 마시면서 우스갯소리로 이런 이야기를 한 적이 있다. 우리도 신동방 3인방처럼 〈아메리칸드림 인 차이나〉를 만들려면 더 열심히 노력해야 하지 않겠냐고, 그렇지 않으면 〈아메리칸 헬 인 차이나〉를 만들게 될 거라고 말이다.

그의 얼굴에는 미소가 번져 있었고, 음악 소리는 공중에 흩어졌다. 무대 위에서 열정적으로 노래를 부르고 있는 가수들을 보다가 문득 음악이야말로 인류의 공통 언어가 아닐까 하는 생각이 들었다. 때로는 아무 말 하지 않아도 음악이 정답을 알려 줄 때가 있고, 어떤 이야기는 기록해 두지 않아도 음악이 대신 기억을 보관해 주기도 한다.

나는 내 앞에 앉아 있는 두 사람을 바라봤다. 스레이펑과는 벌써 7년을 알고 지냈고, 샤오송과도 6년째나. 우리의 이야기는 애써 기억해 놓으려 하지 않아도 특정 노래의 선율이 울리면 한 편의 영화처럼 눈앞에 펼쳐진다.

노래가 끝날 무렵 내 눈가는 촉촉해져 있었다. 스레이펑도 감동에 벅찬 얼굴이었다. 그가 종업원을 불러 말했다.

"저도 노래 한 곡 신청할게요!"

나는 그가 무슨 곡을 신청하려나 기대하며 지켜봤다. 그런데 그가 종이에 이렇게 쓰는 것이 아닌가!

'멋지게 한 번 가 보는 거야(瀟灑走一回, 가수 예첸원(葉倩文)이 1991년 발표한 곡-역주)'

나는 놀라서 하마터면 테이블을 엎을 뻔했다.

스레이펑은 자신 있게 말했다.

"걱정 마. 노래가 끝나면 다들 난리가 날 거야."

무대 위에 가수들은 그가 건넨 종이쪽지를 건네받고 잠시 준비하더니 곧 노래를 시작했다.

가수들은 여전히 감정을 잡고 열정적으로 노래를 불렀지만, 무대 아래 사람들의 반응은 싸늘했다.

노래가 끝나고 스레이펑에게 말했다.

"젊은 친구들은 아마 이 노래를 잘 모를 거야."

그는 고개를 저으며 실망한 표정을 말했다.

"그럼 이번에는 〈대풍차(大風車, 중국의 유명 어린이 프로그램의 주제가-역주)〉를 신청해 볼까?"

샤오송이 스레이펑에게 종이를 빼앗아가지 않았다면 그날 밤 우리 꼴이 아주 우스워질 뻔했다.

결국 샤오송이 종이에 〈일생의 사랑(一生所愛)〉을 적어 신청했다.

얼마나 많은 사람들이 영화 〈대화서유(大話西游)〉를 보고 이 노래를 알고 있는지 모르겠지만, 이 영화에 출연했던 배우 우멍다가 이미 세상을 떠난 사실은 모두가 알고 있을 것이다. 명작은 영원히 명작이다. 그는 이미 떠났지만, 그는 작품을 통해 사람들의 머릿속에 오래도록 기억될 것이다.

사실 인터넷이 발달하고 사람들의 취향이 다양해지면서 같은 멜로디를 통해 많은 사람들의 공감을 이끌어 내는 것이 어려워졌다. 예전에 어린 친구들과 대화를 나누다가 요즘은 노래방에 가는 것을 별로 좋아하지 않는다는 사실을 알게 되었다. 다들 좋아하는 음악이 다르기 때문에 한 사람이 노래를 부르고 있으면 다른 사람들은 3분 넘게 멀뚱멀뚱 앉아 있다고 했다.

곧이어 〈일생의 사랑〉의 익숙한 선율이 흘러나왔다. 나는 사람들의 반응이 궁금해 일어나서 주변을 둘러봤다. 그러다 위층에 앉아 있는 여학생 두 명이 눈에 들어왔다. 두 사람은 노래를 들으며 흘러내리는 눈물을 연신 닦아 내고 있었다. 그들은 아무 말도 하지 않았지만, 사실 그 순간에 어떤 말이 필요할까.

> 지나간 과거는 돌아오지 않으므로
>
> 떨어진 붉은 낙엽은 깊이 묻히고
>
> 시작과 끝은 변함이 없어
>
> 하늘가의 너는 흰 구름 밖에 떠돈다
>
> 고통의 파도에 일렁이는 파도
>
> 세상의 운명은 피하기가 어렵고
>
> 서로 사랑하지만 가까이할 수 없어
>
> 나는 운명을 믿어야 할까

그 여학생들은 이 노래를 누가 신청했는지 알 수 없을 것이다. 우리가 두 사람이 눈물을 흘리는 이유를 모르는 것처럼 말이다.

인생은 어렵고 누구에게나 자신만의 상처가 있다. 하지만 어떤 선율이 울려 퍼지고, 과거와 현재 그리고 미래가 서로 교차하면서 얽히고설킨 감정은 우리를 이렇게 하나로 모은다.

이 아름다운 노래처럼 우리 인생도 아름답다.

샤오송과 두 여학생은 한 번도 만난 적이 없지만, 그들의 영혼

266 기분을 이기는 생각

은 서로 통하고 있었다. 노래 한 곡으로, 익숙한 선율에 의해 그들의 영혼은 한곳에 모이게 된 것이다.

#2

예전에 한 친구가 소개팅을 하러 나갔는데 상대방 남자가 별로 마음에 들지 않았다고 했다. 그런데 헤어질 무렵 남자의 휴대폰이 울렸는데, 벨소리가 〈굿바이 미스터 루저(夏洛特煩惱)〉의 삽입곡 〈우리 마을 사람들(咱們屯里的人)〉이었다는 것이다. 그 친구는 웃음을 터트렸고, 얼마 후 그 남자는 그녀의 남편이 되었다. 그녀는 처음에는 남편이 무뚝뚝하고 재미없는 사람인 줄로만 알았는데 알면 알수록 정말 귀여운 사람이라는 걸 깨달았다고 했다. 특히 그 벨소리가 울릴 때마다….

요즘 사람들은 정말 다양한 무리 속에서 다양한 일을 하며 저마다 독특한 가치관을 갖고 살아간다. 예전에는 모든 사람들이 단 몇 개의 이야기만을 믿었다면, 요즘에는 모든 사람이 공감하는 단 하나의 이야기를 찾는 것이 불가능해졌다. 음악만 해도 그렇다. 요즘은 아무리 유명한 가수의 노래가 발표되어도 모든 사람에게 좋은 평가를 받는 게 어렵다. 내가 좋아하는 노래가 다른 사람에게는 별로일 수도 있고, 반대로 내가 듣기에는 별로인 노래가 다른 사람에게는 인생 노래가 될 수도 있다.

이러한 현상의 본질은 바로 '고독'이다. 자신의 고통은 오직 자기 자신만 아는 것처럼 자신이 좋아하는 선율도 자기 자신만 흥얼거릴 수 있다. 만약 같은 선율을 흥얼거리는 사람을 만난다면, 그건 굉장한 행운이다.

그런 면에서 우리 세대는 비교적 행운이 따르는 편이다. 그래도 함께 추억 소환이 가능한 노래들이 몇 곡은 있기 때문이다. 우리는 어떤 노래의 선율을 통해 친구를 찾고 동지를 찾으며 같은 무리를 찾을 수 있다.

하지만 안타깝게도 요즘은 이런 일들이 점점 줄어들고 있다. 음악이 다양해지면서 사람들의 주의력도 분산되었기 때문이다. 이제는 모두에게 익숙한 선율을 찾는 것이 어렵고, 한 번도 본 적 없는 낯선 사람과 영혼이 서로 통하는 경험도 하기 어렵다.

사람은 고독한 존재다. 그러니 같은 선율에 공감하고 당신의 눈물의 의미를 이해하는 사람을 소중히 여겨야 한다.

반년 전, 잘 모르는 친구와 특이한 계약을 하나 맺었다. 그 친구는 나중에 나를 찾아와 자기를 잘 알지도 못하면서 어떻게 믿고 계약을 한 거냐고 물었다.

그때 내가 말했다.

"지난번 당신 집에 갔을 때 우연히 컴퓨터에서 즐겨 듣는 노래 목록을 봤어요. 저는 우웨텐의 노래를 즐겨 듣는 사람이라면 지금 당장은 두각을 드러내지 못해도 언젠가는 성공할 거라 믿거든요."

그가 깜짝 놀란 표정으로 물었다.

"당신도 우웨텐을 좋아해요?"

내가 대답했다.

"그럼요! 그렇게 힘이 나는 노래를 듣고 나쁜 생각을 하는 사람은 없겠죠?"

갑자기 이 이야기가 생각난 이유는 이 글을 마무리할 때쯤 컴퓨터에서 우웨텐의 〈만족(知足)〉이 흘러나오고 있었기 때문이다. 음악을 통해 과거로 시간 여행을 하는 것, 이것이 바로 어른들의 즐거움이다. 다행히 음악이 있어 우리는 많은 일들을 잊지 않고 기억 속에 간직한다.

인생을 스스로
망가뜨리는 습관 10가지

도시에서는 자칫 한 사람의 인생이 망가지기 쉽다. 특히 다음과 같은 행동을 한다면 인생이 망가지는 건 순식간이다.

#1

비관적 반추

MBA 동기 중에 몇 년 전 창업 붐이 일어났을 때 창업해서 상장까지 시킨 성공한 친구가 있다. 그런데 그는 어째 술만 마시면 울상을 짓고 앉아 푸념을 늘어놓았다. 그가 이야기하는 건 늘 과거의 일들이었다. 과거에 실연당했던 이야기, 일을 그만두고 방황했던 이야기 등등 말이다. 그 순간 그는 자신이 현재 얼마나 잘 살고 있는지, 얼마나 행복한 가정을 꾸리고 살고 있는지 완전히 잊고 있는 것 같았다. 그는 이처럼 이미 지나가 버린 과거의 일들을 내내 마음속에 담아 두고 곱씹었다.

그런데 주변을 살펴보면 이런 습관을 가진 사람들이 꽤 있다. 심리학에서는 이를 '비관적 반추'라고 부른다. 이런 사람들은 이미 지나간 일을 끊임없이 회상하고, 그때의 상황과 기분을 떠올리며 괴로워한다. 우리 어머니에게도 이런 습관이 있는데, 종종 아버지와 다퉜을 때 아버지가 하신 모진 말들을 떠올리며 속상해하신다. 그래서 나는 늘 어머니께 좋지 않은 일들은 빨리 잊어버리라고 말씀드린다.

생각을 바꾸고 앞만 보고 살아간다면 분명 더 좋은 일들이 생길 것이다. 하지만 결코 쉬운 일은 아니다.

#2

간헐적인 의욕 상승과 지속적인 무기력

3년 전 창업한 친구가 있다. 그는 창업하고 3년을 겨우 버티다가 지난달 결국 회사 문을 닫았다. 사실 별로 놀라운 일은 아니었다. 베이징, 상하이, 선전에서 창업한 사람들 대부분이 이와 같은 결말을 맞이하기 때문이다. 이런 사람들은 대부분의 시간을 무기력하게 있다가 아주 가끔 의욕에 불탄다. 의욕에 불타는 시간은 대부분 밤에 자기 전이다.

사실 일이든 인생이든 꾸준하지 못하고 잠깐 확 끓어오르다 식어 버리는 식의 열정으로는 그 어떤 것도 이룰 수가 없다. '꾸준함'은 성공의 가장 중요한 열쇠다. 사람이 매일 의욕에 불타오를 필요는 없다. 다만 천천히 가더라도 멈춰서는 안 된다. 이렇게 멈추지 않고 천천히 가는 사람이 어느 날 전속력으로 달리다가 한동안 멈춰 있는 사람보다 훨씬 멀리 갈 수 있다. 글쓰기도 마찬가지다. 책 한 권을 하루에 완성할 수 없다. 하지만 하루에 2천 자씩 매일 꾸준히 쓰다 보면 일 년 후 어느새 책 한 권이 완성되어 있을 것이다.

#3

생각만 하고 행동하지 않기

내가 가르치는 학생 중에 한동안 매일 같이 메시지를 보내온 친구가 있다. 메시지가 서른 통쯤 쌓였을 때, 어느 날 맘 잡고 앉아서 그것들을 모두 읽어 봤다. 읽으면서 메시지가 온 시간을 확인해 보니 대부분 늦은 저녁 시간이었다. 이처럼 그녀는 매일 매일 새로운 생각이 떠오르는 듯했다. 하지만 다음 날이면 또다시 똑같은 하루가 반복되었다.

사실 이 세상의 모든 고민은 생각이 너무 많아서 생긴다. 정확히 말하면 생각은 너무 많은데 전혀 행동하지 않기 때문이다. 저녁에 머릿속에 새로운 생각과 아이디어로 가득하지만, 아침에 일어나면 어제의 그 길 위에 다시 서 있다.

단 한 권의 책이라도 읽고 나서 생각을 하는 것이 제멋대로 생각하는 것보다 낫다. 아무 근거도 없는 생각은 당신의 인생을 망가뜨릴 뿐이다. 조리 없고 비이성적인 생각이 많아지면 감정이 되고, 이러한 감정이 쌓이다 보면 인생을 더 나은 방향으로 이끌어가기 힘들어진다.

#4

만족의 지연을 모르는 것

고수와 하수의 차이를 알고 있는가? 고수들은 언제나 미래를 바라보고 미래를 위해 투자하며 이를 위해 만족을 지연시킬 줄 안다. 반면, 하수들은 당장 오늘을 즐기며 살면서 어차피 죽으면 다 소용없다는 생각을 한다.

고수들은 자기 관리를 열심히 할수록 더 큰 자유를 누릴 수 있다는 것을 잘 알고 있다. 그래서 미래에 더 자유로운 소비를 위해 지금 당장 재테크를 하고, 미래에 더 건강한 몸으로 분투할 수 있게 오늘 운동을 하며 미래에 더 큰 세상으로 나아가기 위해 책을 읽는다. 하지만 하수들은 돈이 있으면 있는 대로 다 써 버리고, 맛있는 음식이 있으면 일단 모두 입으로 집어넣어 버리며, 재미있어 보이는 일은 당장 가서 해야 직성이 풀린다.

고수의 눈은 미래를 바라보고, 하수의 눈은 현재에 고정되어 있다. 지금 당장은 고수들의 인생이 덜 행복한 것처럼 보일 수도 있지만, 멀리 보면 결국 불행해지는 건 하수들이라는 사실을 누구나 잘 알고 있을 것이다.

#5

중요한 일은 뒷전으로, 급한 일만 처리하기

세상에는 '중요한 일'과 '급한 일'이 있다. 먼저 급한 일이란 무엇일까? 예를 들면 상사의 회신 요청, 논문 제출처럼 기한이 정해져 있는 일들이다. 그렇다면 중요한 일은 무엇일까? 바로 운동, 독서, 공부 등이다.

중요한 일은 오늘, 내일 당장 하지 않아도 아무런 문제가 없다. 하지만 급하지 않은 일일 뿐 인생에서 정말 중요한 일들이다.

하루는 내 치아에 문제가 생긴 걸 알아차렸다. 나는 이 일이 중요한 건 맞지만 급하지 않다고 생각해서 급한 일부터 처리하러 갔다. 그런데 세상에 급한 일들이 왜 이렇게 많은지, 치과를 가는 것 외에 모두 급한 일들이었다. 그로부터 얼마 후 치아 문제는 중요한 문제에서 급한 문제로 변했다. 어느 날 아침에 빵을 베어 무는데 참을 수 없는 고통이 느껴졌다. 당장 치과에 가서 검사를 받았는데, 치아가 더 이상 버티지 못해서 발치를 해야 한다는 이야기를 들었다. 이처럼 우리는 '급한' 일들만 쫓아다니다가 정작 인생의 '중요한' 것을 잃게 된다.

자신의 인생을 스스로 망가뜨리는 방법은 중요한 일들은 뒷전으로 미뤄 두고 급한 일들만 쫓아다니는 것이다. 그렇게 오랜 시간이 흐르면 그 사람은 결국 자신의 인생에 대한 주도권을 잃게 된다.

#6
자기만 잘났다는 생각

한때 친구였던 사람이 있다. 그가 세상에서 자기만 잘났다고 생각한 순간, 나는 더 이상 그와 친구가 될 수 없다고 생각했다. 그 친구가 왜 그렇게 변했는지 이해할 수 없던 찰나에 그의 집에 가게 되었다. 그의 집에는 새 책이 두 권 있었는데, 둘 다 절반 정도만 읽은 것이 보였다.

세상에서 가장 꼴불견인 사람은 적당히 아는 사람이다. 이런 사람들은 아무것도 모르는 사람들보다 더 위험하다. 아무것도 모르는 사람들은 쉽게 수긍하는 경향이 있지만, 적당히 아는 사람들은 세상에서 자기가 제일 잘난 줄 안다. 그리고 그런 성향은 겉으로 그대로 드러난다.

그들은 소량의 지식을 습득하고 나면 배움을 거절하고, 성장을 거절하며, 앞으로 나아가기를 거절한다. 그러면서 남들을 깔보기까지 한다.

아무런 발전 없이 격조만 중시하는 사람은 인생을 스스로 망가뜨리기 쉽다.

#7
부정적인 에너지가 가득 찬 친구들을 가까이하는 것

주변에 부정적인 에너지로 가득 찬 친구가 한 명이라도 있는데 매일 그 친구와 함께하고 있다면, 이미 당신의 인생을 스스로 망가뜨리고 있을 가능성이 높다.

부정적인 에너지는 긍정적인 에너지보다 훨씬 빠르고 쉽게 전염된다. 만약 주변에 이런 친구가 옆에 있다면 하루빨리 끊어 버리거나 최대한 멀리해야 한다. 어쩔 수 없이 계속 만나야 하는 사이라면 가급적 같은 공간에 머무르지 않는 방법을 찾는 등 적당한 거리를 두는 걸 권한다.

만약 주변에 부정적인 에너지가 가득 찬 사람들만 있다면 스스로 반성해 보기를 바란다. 어쩌면 당신도 그다지 긍정적인 에너지를 가진 사람이 아닐 수도 있다. 그렇지 않다면 어떻게 주변에 그런 사람들을 끌어들였겠는가.

그러니 다른 사람에게 긍정적인 에너지를 전달할 수 있는 사람이 되려고 노력해 보자.

#8
수입보다 큰 욕망

돈이 충분히 많은 사람이 되는 방법은 두 가지다. 첫 번째는 욕망을 절제하는 것이고, 두 번째는 수입을 늘리는 것이다.

첫 번째 방법은 아주 간단하다. 비싼 집이나 명품 가방을 바라지 않는다면 돈에 충분한 여유가 생긴다.

두 번째 방법은 결코 간단하지 않지만, 실현할 수 있다면 첫 번째 방법보다 훨씬 더 많은 여유를 누릴 수 있다. 만약 욕망과 야심이 큰 사람이라면 그만큼 돈을 많이 벌면 문제가 되지 않는다.

욕망은 큰데 수입이 뒷받침해 주지 않으면 다른 사람에게 돈을 빌리거나 과도한 빚을 지는 등 바람직하지 않은 방법을 사용하게 된다. 다른 사람의 돈을 빌리면 자존감이 떨어지고, 과도한 빚을 지게 되면 미래를 계획하기 힘들어지는 등 악순환이 반복

된다.

#9
휴대폰을 손에서 내려놓지 못하는 것

휴대폰을 처음 발명한 목적은 사람들에게 편리함을 주기 위해서였다. 그런데 언제부터인가 점점 많은 사람들이 휴대폰의 노예로 전락하고 있다. 그들의 삶은 휴대폰에 의해 끊임없이 방해받고 점점 인생의 자율성을 잃어버리게 된다.

다른 사람이 추천한 영상을 보고, 다른 사람이 사용했다는 물건을 사고, 다른 사람이 선전하는 내용을 믿는 등 휴대폰을 많이 사용할수록 점점 자율성은 사라진다.

나는 글을 쓰거나 책을 읽을 때 휴대폰을 방 밖에 놔둔다. 그러면 무엇을 하든 효율이 훨씬 높아진다. 일단 휴대폰을 손에 들고 있으면 불안하고 집중력이 흐트러지기 쉬우며, 무엇보다 휴대폰의 의해 생활이 좌지우지되는 기분이 썩 좋지 않다.

#10

매일 똑같은 일상

　스스로 인생을 망가뜨리는 마지막 습관은 매일 매일 똑같은 생활을 반복하는 것이다.

　인공지능 시대에 우리가 두려워해야 하는 것은 점점 더 사람과 똑같아지는 인공지능이 아니라, 점점 더 인공지능과 닮아가는 사람의 모습이다. 매일 정해진 매뉴얼대로 똑같은 생활을 반복하다 보면 이것이 습관이 되어 나중에는 변화 자체를 거부하게 된다.

　2020년 초, 대부분의 사람들이 14일간 격리 생활을 했다. 나는 격리에 대한 거부감이 별로 없었고, 격리를 하는 동안 게임에 빠져서 그 속에서 섬도 짓고 나무도 심고 낚시도 하며 보냈다. 그런데 나와 똑같이 격리한 다른 친구는 격리 기간 동안 책 한 권을 완성하고, 다른 여러 가지 일들도 처리했다고 했다.

　사실 매일 한 가지씩만 새로운 일을 해도 인생에 큰 변화가 생길 것이다. 예를 들면, 새로운 식당에 가서 밥을 먹어 본다거나 새로운 책을 읽는다거나 새로운 사람을 만나 본다거나 하는 것들이다.

　인생의 매뉴얼을 확장하고 인생에 다양한 색채를 더해 보자. 성공도 습관이 될 수 있지만, 마찬가지로 자신의 인생을 망가뜨리는 나쁜 행동도 습관이 될 수 있다.

#꾸준함

시간이 주는 선물

일 년 만에
사람이 바뀔 수 있을까?

#1

'일 년 만에 한 사람이 완전히 바뀔 수 있을까?'

이는 많은 사람들이 내게 했던 질문이고, 나 역시 많은 사람들에게 했던 질문이기도 하다.

결론부터 이야기하자면 나는 충분히 가능한 일이라고 생각한다. 일 년이면 사람이 완전히 바뀌기에 충분한 시간이다.

2015년 말, 여러 차례 커리어의 실패를 경험한 한 여배우가 강의를 들으러 찾아왔다. 그녀는 영어 회화 강의를 듣기 전에 이렇게 물었다.

"영어를 빨리 배울 수 있는 방법은 없을까요?"

내가 대답했다.

"그런 방법은 없습니다."

그녀가 다시 물었다.

"만약 제가 매일 영어 회화를 공부한다면 3개월 후에는 잘하게 될까요?"

내가 말했다.

"아니요. 시간이 너무 짧습니다."

"그럼 반년은요?"

나는 잠시 주저하다가 고개를 저었다. 반년 만에 영어 회화를 유창하게 한다는 건 노력보다는 재능을 봐야 할 문제다.

그녀가 다시 물었다.

"그럼 일 년이면 가능할까요?"

나는 힘차게 고개를 끄덕이다가 이내 고개를 저었다.

"왜요?"

나는 일 년 동안 매일 꾸준히 영어 공부를 한다면 당연히 영어 회화의 고수가 될 수 있지만, 대부분의 사람들이 일 년을 채우지 못하고 포기해 버린다고 말했다.

그러자 그녀가 웃으며 말했다.

"저를 너무 과소평가하시네요."

2016년 말, 그녀를 다시 만났을 때 그녀는 여전히 인기 없는 드라마에서 비중 없는 역을 맡고 있었다. 게다가 자신했던 영어 회화 실력마저 그대로였다. 아주 간단한 인사말 외에는 전혀 대화가 통하지 않았다.

그녀에게 왜 꾸준히 하지 않았느냐고 물었다. 그녀는 멋쩍게 웃으며 일 년이라는 시간이 생각보다 길었고, 중간에 이런저런 일들이 생기면서 계획대로 공부를 할 수 없었다고 말했다. 그러고는 다시 이렇게 물었다.

"그러니까 단시간에 실력을 높일 수 있는 효과적인 방법이 없을까요?"

나는 일 년이 지났지만 여전히 원점에 서 있는 그녀를 보면서 아무 말도 할 수 없었다.

그녀가 말하는 단시간의 효과적인 방법이란 우리가 흔히 이야기하는 지름길을 의미한다. 나 역시 헬스장에서 트레이너에게 이렇게 물은 적이 있다.

"체중을 10kg 정도 감량하고 싶은데 가장 빠르고 효과적인 방법은 무엇일까요?"

트레이너는 이렇게 설명했다.

"이런 방법들이 있습니다. 식단 조절 없이 일 년 만에 10kg을 감량하려면 매일 3km씩 달리기를 하면 됩니다. 만약 이 시간을 반년으로 줄이고 싶다면 매일 5km씩 달리세요. 그리고 3개월 안에 10kg을 감량하고 싶다면 매일 5km씩 달리고 저녁을 먹지 마세요. 이 시간을 한 달로 줄이고 싶다면 매일 한 끼만 먹고 10km씩 달리면 됩니다. 물론 하루 만에 10kg을 빼고 싶으시다면 수술을 하는 방법도 있고요."

트레이너는 마지막에 이렇게 덧붙였다.

"수술은 리스크가 상당히 크고 대부분 후유증이 남아요. 그러니까 쉽고 효과적인 방법은 식단 조절과 꾸준한 운동뿐입니다."

꾸준함은 놀라운 힘을 갖고 있고, 이러한 힘은 한 사람을 소리 없이 변화시킨다. 사실 이러한 이치는 누구나 다 알고 있다. 다만 이를 실천할 수 있는 사람은 많지 않다.

일과 생활 모두 마찬가지다. 당신이 꾸준히 사랑하는 사람은 당신이 배우자가 되고, 꾸준히 실천하는 일은 당신의 사업이 될 것이다.

#2

그래서 일 년 만에 사람이 바뀔 수 있다는 말인가? 다시 한번 말하지만 충분히 가능한 일이다. 다만 이는 꾸준함이 뒷받침되었을 때의 이야기다.

뻔한 이야기 같지만 이것은 진리다.

사실 꾸준함을 실천할 때 가장 어려운 일은 '현명하게 포기하는 법'을 배우는 것이다. 만약 다이어트를 하려고 한다면 모임이나 회식을 포기해야 하고, 영어 공부를 하려고 한다면 즐겨보던 인터넷 드라마는 잠시 끊어야 한다. 만찬을 즐기면서 살을 뺄 수 없고, 드라마를 보면서 영어 단어를 외울 수 없기 때문이다. 이러한 현명한 포기를 통해 우리는 생활방식을 바꾸고 좋은 습관을 기를 수 있다.

일단 어떤 일에 습관이 생기고 나면 꾸준히 하는 것이 훨씬 쉬워진다. 사람이 쉽게 포기하게 되는 이유는 무엇일까? 의지력이 약해서일까? 아니면 태어날 때부터 꾸준히 하는 능력이 부족해서일까? 아니다. 사람의 유전자 자체가 원래 나태하고 쉽게 포기하도록 설계되어 있기 때문이다. 새해가 되면 모두들 원대한 목표를 세우지만, 연말이 되면 대부분의 사람들이 고개를 절레절레 저으며 말한다. 꾸준히 하는 건 너무 어렵다고.

꾸준히 하는 건 정말 어려운 일일까?

맞다, 어렵다.

그럼 몇몇 사람들은 어떻게 꾸준하게 해낼 수 있는 걸까? 그들은 의지력이 강한 것이 아니라 꾸준함을 '습관'으로 만들었기 때문이다.

나는 어느 해엔가 일 년 동안 책을 50권 이상 읽겠다는 목표를 세우고, 그날 당장 서점에 가서 책 스무 권을 산 뒤에 집에 가장 잘 보이는 곳에 쌓아 두었다. 사다 놓은 책들이 눈에 보이는데 읽지 않으니 아깝다는 생각에 매일 틈틈이 시간을 내어 책을 읽기 시작했다. 나는 매일 밤 열 시부터 자기 전까지 책을 읽거나 글을 쓰는 시간으로 정해 놓았고, 이 시간에는 휴대폰을 꺼 놓고 오롯이 독서에만 집중했다.

우선 그렇게 일주일 동안 하루도 빠짐없이 책을 읽었다. 컴퓨터나 휴대폰을 켜서 친구들과 수다를 떨거나, 영화를 보러 가거나, 포장마차에 야식을 먹으러 나가고 싶은 생각이 여러 번 들었지만, 꾹 참고 다시 일주일을 더 지속했다. 그렇게 14일, 2주가 지나자 책을 읽는 습관이 생겼고, 그 시간에 책을 읽지 않으면 뭔가 허전함이 느껴졌다. 그렇게 독서는 일상의 일부분이 되었다.

꾸준함이란 바로 이런 것이다. 처음 며칠은 힘들지만 일단 습관이 생기고 나면 애쓰지 않아도 무의식적으로 하게 된다. 꾸준히 해 보자고 스스로를 격려만 할 것이 아니라, 꾸준히 하고 싶은 일이 습관이 되도록 만들어야 한다. 그러면 노력하지 않아도 자연스럽게 꾸준함이 생긴다.

그러므로 일 년이라는 시간 동안 어떤 일을 매일 꾸준히 하거나 어떤 기술을 꾸준히 익혀 자신의 능력을 향상시킬 수 있다면 이 능력은 평생 당신의 일부가 되어 더 높은 곳으로 이끌어 줄 것이다.

다윈은 자신이 과학자로서 성공을 거둘 수 있었던 이유에 대해 과학에 대한 열정을 바탕으로 꾸준히 관찰하고 탐구했기 때문이라고 말했다. 그러니 시간의 힘을 한번 믿어 보라.

#3

지난 1년 동안 매일 꾸준히 글을 써서 책을 출간한 친구, 매일 꾸준히 새벽 공부를 실천해 토플 시험에서 110점을 받은 친구, 매일 꾸준히 운동해서 연말에 자신의 초콜릿 복근을 찍은 사진을 공개한 친구 등 여러 성공 사례들을 지켜봤다.

그렇다고 그들이 우리보다 훨씬 똑똑한 친구들은 아니다. 다만, 그들은 철저히 자기 자신을 관리한 덕분에 더 큰 자유를 얻을 수 있었다.

매일 글을 써서 책을 출간한 친구는 모임에 나올 때도 노트북을 들고 나와 글을 썼다. 토플 시험을 치른 친구는 반년 동안 새 옷을 한 벌도 사지 않았고 늘 꾀죄죄한 모습으로 다녔다. 운동을 해서 초콜릿 복근을 만들었다는 친구는 운동을 시작한 이후로 술자리에 단 한 번도 나오지 않았고 야식도 끊었다. 뭐, 그 친구가 원래 친구가 별로 없긴 했지만, 하하하.

누군가 이 세상의 모든 아름다움은 꾸준함에서 나온다고 말했다. 하루를 꾸준히 하는 것은 쉽다. 일주일을 꾸준히 하는 것도 그렇게 어려운 일은 아니다. 하지만 어떤 일을 1년 동안 꾸준히 하는 것은 어렵다.

그러나 일단 꾸준히 하고자 하는 일을 열흘 정도 반복해서 습관으로 만들고 나면 나머지는 시간에 맡겨 놓으면 된다.

볼테르는 이런 말을 남겼다.

이 세상에서 성공하려면 무슨 일이든 끝을 봐야 하고

죽을 때까지 손을 놓으면 안 된다.

사실 죽을 때까지 노력하지 않아도 딱 1년만 꾸준히 하면 눈에 띄는 변화를 실감할 수 있을 것이다. 그런데 이런 사실을 다 알고서도 왜 성공하지 못하는 걸까? 그건 알고만 있기 때문이다. 성공한 사람들은 이를 실천에 옮긴 사람들이다.

당장 오늘부터라도 달성하고 싶은 목표를 세우고 꾸준히 노력해서 좋은 습관을 만들어 보는 건 어떨까? 큰 목표가 아니더라도 일단 무슨 일이든 꾸준히 하는 것이 중요하다. 그리고 1년 뒤 이 책을 다시 읽는다면 감회가 새로울 것이다.

이 세상의 모든 아름다움은 꾸준함에서 나온다. 꾸준함이 아무것도 아닌 것 같아도 수많은 사람들을 성공으로 이끈 마법의 열쇠다.

새로운 한 해에는 자신이 좋아하는 일을 꾸준히 해서 변화에 성공하기를 바란다.

꾸준함이
답이다

#1

어느 날 내가 가르쳤던 한 학생의 SNS에 이런 글이 올라왔다.

꾸준함도 다 소용없다.

나는 곧바로 메시지를 보내 무슨 일이 있느냐고 물었다. 알고 보니 대학원 입학시험에서 불합격 통보를 받았던 것이다. 그것 도 영어 시험 성적이 낮아서 떨어진 것이라고 했다. 마침 그 당시에는 내 수업을 듣고 있지 않았으니 망정이지, 모두 내 탓이라고 생각할 뻔했다.

"선생님, 저 1년 동안 영어 공부를 했는데 어떻게 이런 점수가 나올 수 있는지 이해할 수가 없어요."

그녀의 목표는 한 예술대학이었고, 통상 예술대학은 영어 시험 합격 기준이 높지 않기 때문에 나로서도 이해할 수가 없었다.

내가 말했다.

"그래. 정말 속상하겠다."

1년 동안 매일 영어 공부를 했는데 30점밖에 못 받았다는 건 말이 되지 않았다. 학습 방법에 문제가 있는 게 아니라면 공부하는 척만 했을 가능성이 컸다. 수년간의 경험으로 미루어 보아 뭔가 수상쩍은 구석이 있다는 생각이 들어서 그 여학생의 친구에게 자초지종을 물었다.

역시 내 예상대로 친구는 이렇게 말했다.

"어휴, 걔 시험 며칠 전날까지도 여행 다녀오고 그랬어요."

그 친구는 이렇게 덧붙였다.

"공부를 꾸준히 하기는요, 맨날 하다가 말다가 하던걸요. 선생님 말처럼 정말 공부하는 척만 했을 거예요."

나는 카오충 서버에 접속해 그녀의 강의 기록을 살펴봤다. 예상대로 첫 강의를 제외하고 나머지 강의들은 수강률이 30% 정도밖에 되지 않았고, 중간에 강의 몇 개는 통째로 건너뛰기도 했다. 그러다가 마지막 며칠은 마음이 급했는지 모든 강의를 끝까지 들었다. 하지만 이게 다 무슨 소용인가?

누군가 시간을 기만하려고 한다면 시간도 그 사람을 절대 돕지 않는다.

나는 그 학생을 어떻게 위로해 줘야 할지 몰라 이런 메시지를 보냈다.

시간은 누구에게나 공평하단다.

그 이후 답장은 오지 않았다. 많은 사람들이 시간의 힘을 믿지 않고 시간을 이해하지 못하는 것처럼, 아마 그녀도 내 말의 의미를 이해하지 못했던 것 같다.

문득 또 다른 학생 한 명이 떠올랐다. 이 친구는 기분이 좋은 날에는 영어 단어를 두어 개 외우다가 기분이 좋지 않은 날에는 아무것도 하지 않고 종일 누워 있었다. 그러다가 또 어떤 날은 갑자기 의욕에 불타서 영어 단어를 한 번에 사십 개씩 외우기도 하고 다음 날이 되면 또 종일 누워 있었다.

어느 날, 그가 시험을 망치고 와서 이렇게 물었다.

"선생님, 저도 나름 열심히 공부한다고 생각했는데 결과가 왜 이럴까요?"

내가 말했다.

"당연한 결과야. 그렇게 가끔 한 번씩 의욕에 불타올라서 공부했다고 네가 열심히 노력했다고 생각하면 안 돼. 어느 날은 공부했다가 어느 날은 안 했다가, 그런 식으로 공부하는 건 그저 자기만족일 뿐이야. 시간은 아주 정직하지만, 한편으로는 잔인하기도 하단다. 1년 동안 매일 같은 일을 계속하는 건 정말 어려운 일이야. 하지만 그것이 바로 꾸준함의 의미란다. 하루에 단 30분이라도 매일 어떤 일을 꾸준히 한다면 시간은 분명 너에게 상응하는 보상을 내려 줄 거야. 하지만 그렇게 하지 못한다면 꾸준함의 의미를 제대로 이해하지 못한 거고, 상응하는 보상도 받지 못하겠지."

결과는 그 사람이 정말로 노력을 했는지 안 했는지 보여 주는 가장 확실한 근거다. 당신이 어떤 일을 끝까지 꾸준하게 했는지는 결과를 보면 알 수 있다.

#2

몇 년 전, 친구 샤오샤오가 프랑스로 영화 공부를 하러 떠났다. 그는 중국 촨메이대학교(傳媒大學, 중국 최대의 미디어 대학교-역주)를 졸업하고, 영화에 대한 뜨거운 열정을 안고 프랑스로 떠났다. 곧 자신의 작품으로 업계에 이름을 알릴 수 있기를 기대하면서 말이다. 하지만 샤오샤오가 마주한 현실은 결코 녹록지 않았고, 그는 프랑스의 한 식당에서 접시를 닦으며 겨우 생계를 유지했다. 하지만 힘든 상황 속에서도 그는 매일 영화를 한 편씩 봤고, 영화를 다 본 다음에는 여러 가지 느낀 점을 기록해 놓았다. 비록 식당에서 접시를 닦는 신세였지만, 그는 자신의 꿈을 위해 매일 같은 일을 꾸준히 반복했다. 얼마 후, 그는 낯설고 외로운 타국 생활에 큰 위로가 되어 주는 한 여자를 만나게 되었고, 두 사람은 금방 연인이 되었다. 그들은 프랑스에 몇 년을 함께 지내다가 베이징으로 돌아오기로 결심했다. 그리고 베이징에 돌아온 두 사람은 오랜 연애에 미침표를 찍고 결혼에 골인했다. 아직 커리어에 큰 성공을 거두지는 못했지만, 그는 사랑하는 사람과 행복한 가정을 꾸렸다는 사실에 큰 위로를 받았다.

샤오샤오는 베이징에서 새로운 시작을 준비하던 중에 한 친구를 만나게 되었다. 그 친구는 이제 막 《가시》라는 소설을 완성한 젊은 작가였다. 그는 이 책을 통해 많은 사람들이 학교 폭력에 관심을 갖기를 바랐지만, 책의 힘만으로는 부족하다는 것을 알았기 때문에 영화나 드라마로 제작할 수 있으면 좋을 것 같다고 생각했다. 그 친구는 바로 나였다. 샤오샤오는 소설 《가시》를 드라마로 만들어 보면 어떻겠느냐고 내게 물었다.

샤오샤오와 술자리를 몇 번 가지면서 그가 정말로 이 소설을 사랑하고 있다는 사실을 알게 되었다. 그는 내가 이 소설을 리메이크했으면 하는 의도를 정확히 이해하고 있었다. 나는 돈을 거의 받지 않고 소설의 판권을 그에게 넘겼고, 그렇게 해서 그는 인터넷 드라마 《가시》의 총감독이 되었다.

총감독이라는 자리는 결코 쉬운 자리가 아니었다. 드라마를 시청자들에게 보여 주기 위해서는 매일 조금씩이라도 진전이 있어야 했다. 촬영감독은 촬영하지 않을 때는 쉴 수 있고, 작가도 시나리오만 완성하면 되고, 배우들도 촬영이 없을 때는 호텔에서 대기하면서 쉬면 그만이지만, 총감독은 그렇지 못했다. 그는 드라마 제작을 위해 하루도 쉬지 않고 매일 매순간 고군분투했다.

하루는 바닷가에서 촬영이 있었는데, 그가 온몸에 두드러기가 올라온 채로 촬영장에 왔다. 그는 촬영감독 옆에 앉아 모니터 화면을 뚫어져라 바라보며 몸을 긁었다. 내가 어떻게 된 일이냐고 묻자 그가 옷소매를 걷어 두드리기 때문에 붉은 반점이 가득 올라온 팔을 보여 줬다. 병원에 가 보지 않아도 되겠냐고 묻는 말에 그는 일이 다 끝나면 저녁에 가 보겠다고 말했다.

내가 말했다.

"저녁에 의사가 있을까? 의사가 기다려 준대?"

사실 이 말을 하고 나서 조금 미안했다. 샤오샤오가 벌써 수백 일째 쉬지 않고 일하고 있다는 걸 잘 알았기 때문이다. 이 드라마는 제작이 결정되고 방영되기까지 3년이라는 시간이 걸렸고, 그 배후에서 많은 일들을 샤오샤오가 나서서 처리했다.

반면 원작자였던 나는 드라마가 제작되는 3년 동안 비교적 느긋한 시간을 보냈다. 종종 시간이 될 때마다 진행이 잘 되고 있는지 확인했을 뿐, 대부분의 시간은 다른 일들을 처리하느라 바빴다. 한동안은 '방영이 되면 되는 거고, 안 되면 할 수 없지 뭐.'라는 생각으로 드라마 제작을 잊고 지내기도 했다. 하지만 샤오샤오는 드라마를 기획하고 제작하는 동안 단 하루도 느긋한 적이 없었다. 그렇게 3년 동안 매일같이 프로젝트를 확인하고, 사람을 만나고, 투자처를 찾으러 뛰어다녔다. 회식 자리에서 술을 마셔도 절대 취하는 법이 없었고, 집에 돌아가 일을 계속했다.

팬데믹이 발생하고 얼마 후, 어느 날 저녁에 그가 말했다.

"샹룽, 드라마가 곧 방영될 수 있을 것 같아. 이미 다 승인받았어."

그 해는 샤오샤오에게 정말 특별했다. 그는 한 아이의 아빠가 되었고, 드라마가 방영되면서 단숨에 업계에 이름을 알리게 되었다. 그렇다. 3년 동안의 꾸준한 노력이 드디어 빛을 발한 것이다.

샤오샤오는 이제 사람들이 흔히 생각하는 '성공한 사람'이 되었다. 어느 날 식사 자리에서 작가 한 명이 이렇게 말했다.

"축하드려요. 올해는 겹경사네요!"

샤오샤오는 부끄러운 듯 머리를 긁적였다. 사람들은 그가 쉽게 성공을 이룬 줄 알 것이다. 하지만 나는 그동안 그가 얼마나 꾸준히 노력해 이 자리까지 왔는지 너무나 잘 알고 있었다.

어떤 분야든 성공한 사람의 영광만 보고 그 배후에 숨어 있는 피나는 노력을 보지 못한다면 성공을 쉽게 얻을 수 있다고 생각하게 될 것이다. 그들이 화려한 성공을 거둘 수 있었던 이유는 힘들어도 포기하지 않은 꾸준함이 있었기 때문이다.

한마디만 덧붙이자면 인생의 모든 단계도 마찬가지다.

#3

그럼 다시 공부 이야기로 돌아가 보자. 사람들은 자신이 꾸준함의 의미를 잘 이해하고 있고, 며칠 꾸준히 공부하면 남들보다 좋은 성적을 받을 수 있다고 생각한다. 하지만 틀렸다. 그런 식의 꾸준함으로는 기껏해야 어제의 나를 이길 수 있을 뿐이다. 세상에는 나보다 똑똑하고 배경이 훌륭한 사람들도 많다. 그들과 이미 서로 다른 출발선에서 출발했는데, 적당히 꾸준히 하는 것으로 그들을 따라잡을 수 있을까?

그렇다고 절대 불안감을 심어 주려는 생각은 아니다. 물론 경쟁하지 않고 평범하게 살고 싶다면 당연히 그래도 된다. 그건 어디까지나 자신의 선택이다. 하지만 이 세상에서 특별한 일을 하고 싶고, 나의 발자취를 남기고 싶다면 꾸준함의 의미를 제대로 이해해야 한다.

우리는 어떤 일을 시작했다가 자기도 모르게 게으름을 피우거나 쉽게 포기한다. 대부분 피곤하고, 지겹고, 기분이 좋지 않다는 이유에서다. 그런데 게으름과 포기가 무엇을 의미하는지 이해하는 사람은 많지 않다. 공부를 하다가 한 번 게을러지면 그전에 공부했던 것들까지 모두 무너지기 쉽다. 3일 농안 열심히 영어 단어를 외웠는데 4일째에 친구들과 놀러 가느라 영어 단어를 외우지 않았다면, 앞서 3일 동안 외운 단어들도 까먹을 확률이 크다. 살을 빼겠다고 3일 동안 열심히 헬스장에 갔는데 4일째에 폭식을 해서 원래의 체중으로 돌아온 것과 똑같은 것이다.

꾸준함은 고작 몇 분 동안 불타오르는 열정이 아니다. 봄, 여름, 가을, 겨울 사계절 동안 매일 악착같이 한 가지 일에 매달리는 것이 바로 꾸준함이다. 처음부터 끝까지 고독함을 이겨내고 온갖 유혹을 떨쳐 버릴 수 있어야 한다. 기분이 좋지 않아서, 날씨가 좋지 않아서 게으름을 피우면 안 된다. 꾸준함은 자신의 모든 열정과 청춘을 바쳐야 하는 일이다. 비록 오늘 하루가 아름답지 않았어도 내일은 반드시 아름다울 거라고 믿어야 한다. 만약 어떤 일을 꾸준히 한다면 시간이 바로 그 아름다움을 선물해 줄 것이다.

시간의 선물이 곧 꾸준함의 의미다.

앞서 말했듯 당신이 꾸준히 사랑하는 사람은 당신의 배우자가 되고, 당신이 꾸준히 실천하는 일은 당신의 사업이 될 것이다. 하지만 마찬가지로 꾸준히 밤을 새우면 시간은 건강을 빼앗아 갈 것이고, 꾸준히 방탕한 생활을 하면 시간은 몸과 마음에 상처를 남길 것이다.

시간은 공평하고, 꾸준함도 마찬가지다.

당신의 꾸준함으로 아름다운 미래를 만들어 나갈 수 있기를 바란다.

시간은
꾸준한 사람을 배신하지 않는다

#1

란잉잉(藍盈瑩)이 드디어 스타가 되었다.

나는 그녀의 성공을 일찌감치 예감했었다. 그렇게 열심히 노력하는데 성공을 못 할 이유가 없었다. 그녀는 〈청평포랑더제제(乘風破浪的姐姐, 서른 살 이상 여자 연예인들이 걸그룹 멤버로 뽑히기 위해 경합을 벌이는 서바이벌 오디션 프로그램-역주)〉의 첫 무대에서 1위를 했다. 물론 그 이후의 성적이 조금 아쉬웠지만, 어차피 예능프로그램이기 때문에 결과보다는 얼마나 드라마틱한 효과를 많이 만들어 내느냐가 더 중요했다.

나이가 들면서 정확한 시간을 기억하는 일이 힘들어졌다. 그래서 그녀를 언제 처음 알게 되었는지 정확히 기억나지 않지만, 대략 5년 전쯤이었던 것 같다.

그때 란잉잉은 아직 이름이 알려지기 전이었다. 나 역시 문학의 세계에 갓 발을 들이고 신나게 욕을 먹고 있던 시기였다. 우리가 서로를 알게 된 건 아마 그 무렵이었다. 그녀가 먼저 내 책을 읽고 정말 재미있게 읽었다며 메시지를 보냈고, 그 이후 우리는 서로의 '팬'이 되어 주기로 했다.

이렇게 서로를 알게 된 이후 온라인에서만 서로의 소식을 주고받을 뿐, 줄곧 만난 적은 없었다. 하지만 우리는 매년 연락이 끊기지 않았다. 내 생일과 그녀의 생일이 며칠 차이밖에 나지 않아 매년 잊지 않고 생일 축하 메시지를 보냈기 때문이었다. 양자리 사람들은 원래 친화력이 좋아 처음 만난 사람과도 몇 년씩 알고 지낸 친구처럼 대화를 나누기도 한다.

나는 그동안 그녀가 얼마나 많은 노력을 했는지 누구보다 잘 알고 있었고, 그런 노력이 드디어 빛을 발하기 시작한 거라고 믿었다. 그녀는 자신이 하는 일을 진심으로 사랑하는 사람이었다.

그녀는 영어 실력도 뛰어났다. 특히 회화 실력이 출중했는데,

나와 영어로 대화를 나눌 때도 대화에 막힘이 없을 정도였다. 심지어 어느 날은 영어로만 대화를 나눈 적도 있었다. 나중에 알고 보니 그녀는 촬영 중 쉬는 시간이 생길 때마다 영어 단어를 외웠고, 회화 연습을 해서 native speaker(원어민) 같은 실력을 갖게 되었던 것이었다. 나중에 그녀가 미국에서 연수를 마치고 돌아왔을 때 함께 식사한 적이 있다.

마지막으로 란잉잉을 만났던 적이 언제인지 정확히 기억나지 않지만, 그날 그녀가 했던 말은 생생하게 기억이 난다.

"나 내일 한국으로 춤 배우러 갈 거야."

그때 나는 그녀를 이해할 수 없었다. 배우가 영어 공부를 하고, 유학을 가고, 춤을 배우려는 이유가 대체 무엇일까?

하지만 이제는 그녀를 이해할 수 있게 되었다. 그녀는 '배우'라는 두 글자 안에 자신의 무한한 가능성을 가두고 싶지 않았던 것이었다. 또 다른 사람들의 말이나 생각이 자신의 인생을 좌지우지하는 것을 원하지 않았던 것이었다.

인터넷에는 책을 읽고 공부하는 그녀의 모습을 비웃는 사람들이 많았다. 도대체 언제부터 책을 읽지 않는 사람이 책 읽는 사람을 비웃는 세상이 된 걸까? 물론 세상에는 이런 사람들이 언제나 있었다. 수박 겉핥기식으로 공부한 사람이 지혜로운 사람을 비웃고, 아무것도 안 하는 사람이 열심히 하는 사람을 비웃고, 게으른 사람이 부지런한 사람을 비웃는다. 그리고 이런 사람들은 점점 더 늘어나고 있다.

나는 그녀를 비웃은 모든 사람들에게 송팡진 선생의 〈젊은 작가들에게 보내는 편지〉 글을 인용해 이렇게 말하고 싶다.

> 세상에 다양한 사람들이 있는 것 같지만
>
> 사실 단 두 부류의 사람들이 존재한다.
>
> 식견이 있는 사람과 식견이 없는 사람,
>
> 모든 것을 다 아는 사람과 아무것도 모르는 사람.
>
> 식견이 없고 아무것도 몰라도 인생을 사는 데
>
> 아무 문제는 없다.
>
> 하지만 식견이 없으면서 식견이 있다고 착각하고,
>
> 아무것도 모르면서 모든 것을 다 아는 척하는 사람은
>
> 결국 바보가 되거나 사기꾼이 된다.

사람들은 란잉잉이 읽는 자기계발서들을 보고 비웃었지만, 분명 그 책들을 통해 그녀는 난관을 극복하고 더욱 강인한 사람이 되었다. 그것이면 충분이다.

예전에 어떤 학생이 이렇게 물었다.

"아무리 노력해도 금수저를 물고 태어난 재벌 2세들을 따라갈 수 없는데, 왜 계속 노력을 해야 하죠?"

이 세상은 1% 사람들이 전 세계 90% 이상의 부를 차지하고 있다. 록펠러 가문이나 월턴 가문을 보면 그들의 부는 대를 이어서 전해져 내려온 것이다. 어떻게 고작 10년 정도 공부해 놓고 몇 세대를 거쳐 내려온 그들의 노력과 견주려고 하는가? 그러니 재벌 2세들과 비교하려고 하면 안 된다. 그들은 이미 선조들이 평생 마련해 놓은 로켓을 타고 우리 눈에 보이지 않는 높은 곳을 날고 있는 사람들이다.

사람이 결국 겨루어야 할 상대는 바로 자기 자신이다. 자기 자신과 비교해서 어제보다 조금 더 나은 내가 될 수 있다면, 시간은 분명 그에 상응하는 보상을 해 줄 것이다.

자신의 능력을 과대평가하지 말고, 더 좋은 집안에서 태어나지 못한 것을 원망하지도 말라. 자신의 무지를 용감하게 인정하고 자신이 처한 환경을 있는 그대로 받아들이고 나면 인생에서 가장 중요한 보물이 보인다.

바로 '꾸준함'이다.

꾸준함은 바보 같은 사람만이 실천할 수 있다. 하지만 이 세상에는 지름길을 찾지 않고 바보처럼 묵묵히 걸어가려는 사람들이 많지 않다.

그런 의미에서 란잉잉과 나는 바보 같은 사람이다. 나는 대학교에서 영어를 전공한 것도 아니고, 그렇다고 중문과를 나온 것도 아니다. 사범대학교를 졸업하지도 않았고, 영화나 드라마 제작을 공부한 적도 없다. 하지만 나는 꾸준함의 의미를 누구보다 잘 알고 있었고, 시간의 힘을 믿었다. 그리고 그런 바보였기 때문에 오늘날까지 올 수 있게 되었다.

#2

란잉잉은 내게 우쿨렐레를 하나 선물했다.

그녀는 어느 해인가 갑자기 음악을 배우고 싶다며 우쿨렐레를 샀다. 그런 다음 SNS에 '일주일에 한 곡씩 배우겠다'는 자신의 다짐을 적어 놓았다. 란잉잉은 보란 듯이 자신의 다짐을 지켜 냈고, 나중에 〈청평포랑더제제〉에 나와 우쿨렐레를 연주하며 노래하는 멋진 모습을 보여 줄 수 있었다. 그녀가 쏟아부은 시간과 노력의 결과였다.

그녀는 자신의 변화를 꾸준히 보여 줬다. 이러한 변화는 소리 없이 꾸준히 일어났고, 얼핏 보기에는 아무 변화도 없는 것 같지만, 처음과 끝을 비교해 보면 그야말로 엄청난 변화였다.

다이어트를 할 때 하루 이틀 사이의 변화는 눈에 보이지 않지만 1년, 2년을 두고 보면 명확한 변화를 확인할 수 있는 것처럼 말이다.

나도 그녀에게 자극받아 우쿨렐레를 배우기로 결심했다.

처음 그녀와 우쿨렐레를 연주하던 날에 현장에 꽤 많은 사람들이 있었는데, 그날 연주는 정말 재앙이 따로 없었다. 우쿨렐레를 배운지 고작 3일밖에 안 된 내가 연주를 할 수 있다고 생각한 것은 헛된 바람이었다. 그 후로는 어쩌다 보니 일이 바빠 연습을 계속할 수 없었고, 우쿨렐레는 한쪽 구석에 방치되었다. 그러다가 지난 연말에 새해 목표를 세우면서 문득 올해는 제대로 된 취미를 한 가지 가져 봐야겠다고 생각했고, 우쿨렐레를 다시 배우기로 결심했다.

그날 당장 온라인 강의를 등록하고, 커리큘럼에 따라 열심히 연습하기 시작했다. 어떤 기술이든 처음 배울 때는 두 가지 중요한 방법을 지켜야 한다. 첫째, 올바른 방향을 찾는다. 둘째, 기꺼이 시간을 투자한다. 이 두 가지는 바보들에게나 적합한 방법이지만, 가장 멀리 가게 해 주는 비결이기도 하다. 나는 매일 오후에 집에 돌아오면 일단 우쿨렐레를 집어 들고 30분 동안 연습했다. 그렇게 연습해서 1년 후에는 여러 곡을 숙련되게 연주할 수 있었고, 친구들과 밴드를 결성하기도 했다. 한 번은 우크렐레를 연주하는 동영상을 찍어 란잉잉에게 보냈더니 이런 답장이 왔다.

'실력이 정말 많이 늘었네!'

며칠 전, MBA 동기들과 송년회를 할 때 동기들 앞에서 우쿨렐레로 우웨텐의 〈만족〉을 연주했다. 그때 몇몇 동기가 나에게 우쿨렐레를 전공했냐고 물었다. 나는 웃으며 전공하지는 않았지만, 전공자만큼 연주할 수 있다고 말했다. 내가 이렇게 자신 있게 말할 수 있었던 이유는 그만큼 많은 시간과 노력을 투자했기 때문이다.

머잖은 미래에 우쿨렐레 연주로 앨범을 낼 수 있는 날이 오기를 기대해 본다.

#3

이 세상에는 똑똑한 사람이 정말 많은 반면, 바보 같은 사람은 별로 없다. 똑똑한 사람은 늘 더 빠른 지름길을 찾고, 바보 같은 사람은 한 걸음에 하나씩 자신의 발자국을 남기며 걷는다. 속도는 훨씬 느릴지 몰라도 그들의 발걸음은 멈추지 않는다.

매일 조금씩 책을 읽다 보면 일 년 동안 정말 많은 책을 읽을 수 있고, 매일 3,000자씩 글쓰다 보면 일 년 동안 책 한 권을 완성할 수 있다.

달리기를 같이하는 모임이 있는데, 모임의 주장은 베이징 제일병원 의사인 씨에 주임이다. 나는 처음 이 모임에 나갔을 때, 씨에 주임에게 이런저런 질문을 했다. '어느 정도 속도로 달려야 하나요?', '보폭은 어느 정도면 적당할까요?', '얼마나 오래 달릴 예정이죠?', '어떻게 달리는 게 좋은 건가요?'. 그는 가만히 듣고 있다가 그런 건 하나도 신경 쓰지 않아도 된다면서 멈추지 않고 달리기만 하면 된다고 말해 줬다.

우리는 지금까지 고궁(故宮, 자금성-역주), 차오양 공원, 톈탄(天壇) 공원 등지를 함께 뛰었다. 중요한 건 그와 오랜 시간 달리기를 함께 하면서 매일 달리기를 하는 습관이 생겼다는 것이다. 처음에는 속도도 느리고 힘들었지만, 시간이 지날수록 속도도 빨라지고 더 오랫동안 뛸 수 있게 되었다. 이제 10km 정도는 가뿐하게 뛸 수 있다.

무라카미 하루키의 《달리기를 말할 때 내가 하고 싶은 이야기》라는 책에는 이런 구절이 나온다.

'삶의 질은 성적, 숫자, 등수 같은 고정적인 요소가 아니라 행위 속의 유동적인 것으로 판단하는 것이다.'

'어쩌면 하늘을 올려다보지 말고 시선을 내 안으로 돌려야 한다. 나는 깊은 우물 속을 들여다보듯 내 안을 관찰한다.'

이것이 바로 바보의 사고방식이다. 바보는 시간의 힘을 믿고 자기 자신을 믿는다. 이들은 겉으로 드러나는 성적이나 등수에 연연하지 않고 내면의 성장에 집중한다.

이런 바보들만이 더 멀리 갈 수 있는 법이다.

공부의 고수가
되는 법

　　나이가 들수록 혼자 공부하는 것과 다양한 분야를 공부하는 것이 얼마나 중요한 일인지 깨닫게 된다. 이 장에서는 공부의 고수가 되는 비법을 전수해 주고자 한다.

#1
집중력이 가장 중요하다

매일 달랑 몇 시간만 공부하는데 성적이 늘 상위권인 친구들이 있다. 그들은 남들보다 똑똑해서가 아니라 공부의 정수인 집중력이 높기 때문이다. 다행히 집중력은 마음만 먹으면 얼마든지 높일 수 있다. 공부를 시작할 때 휴대폰은 가급적 멀리 두고 공부를 방해하지 않도록 해라. 마찬가지로 공부할 때는 친구나, 남자친구 혹은 여자친구가 방해하지 않도록 해야 한다. 일단 몰입이 끊기면 다시 원래의 학습 상태로 돌아가기 힘들다. 하지만 일단 몰입 상태에 접어들면 시간은 금방 지나간다. 공부는 종일 붙잡고 있는 것보다 딱 한 시간 몰입해서 하는 것이 훨씬 효과적이다.

#2
운동을 병행하라

운동이 학습에 도움이 된다는 과학적 근거도 있다. 예를 들면, 운동과 공부를 병행하는 친구와 공부에만 매달리는 친구를 비교했을 때, 운동과 공부를 같이 하는 친구의 공부 효율이 훨씬 높았고 기억력도 더 좋았다. 《운동화 신은 뇌》라는 책에 이런 내용이 나온다.

> 근육을 단련하고 심폐 기능을 강화하는 것은 운동의 기본 작용이다. (…중략…)
> 운동의 핵심 작용은 대뇌를 강화 혹은 변화시키는 것이다.

공부의 효율을 높이기 위해서는 달리기나 걷기 같은 운동을 추천한다. 발바닥이 지면과 접촉하면 뇌에서 피의 순환이 더욱 원활해지기 때문이다. 천천히 걸으면서 책을 읽으면 책상에 앉아서 책만 보는 것보다 더 큰 효과를 얻을 수 있다. 그러므로 올해부터는 공부 목록에 달리기나 걷기도 포함시켜 보자.

#3
결과로 학습을 유도하라

결과로 학습을 유도하라는 말이 어떤 의미일까? 이 말은 다소 이해하기 어려울 수도 있다. 예상한 결과를 달성하지 못하면 그동안의 노력이 물거품이 되는 것은 당연한 이야기다. 결과를 얻기 위한 노력이 아니라면 그저 노력을 위한 노력일 뿐이고, 겉보기에 노력을 하고 있는 것뿐이다. 예를 들어, 올해 목표가 영어 시험에 통과하는 것이라면 통과하기 위해 몇 개의 영어 단어를 외워야 할까? 4급이면 4,000개를 외워야 하고, 6급이면 6,000개를 외워야 한다. 그럼 이제 당신이 해야 할 일은 매일 외워야 할 단어의 양을 계산해서 목표를 세우는 것이다. 그렇게 해서 매일 매일의 목표를 완성하고 철저히 복습한다. 이것이 바로 결과로 학습을 유도하는 노력이고, 이것이야말로 가장 효과적인 노력이다.

#4
즉각 피드백을 해 줘라

게임은 재미있는데 왜 공부는 재미가 없는 걸까? 그 이유는 게임에는 인간의 본성에 아주 잘 부합하는 메커니즘이 설정되어 있기 때문이다. 바로 피드백이다. 게임은 한 번만 클릭해도 바로 반응이 나온다. 예를 들어, 상대방을 때리면 그 사람이 피를 흘리고, 닭을 먹으면 곧바로 피가 생성되는 등의 반응이다. 하지만 공부는 그렇지 않다. 공부를 마치고 한참이 지나야 겨우 피드백을 받을 수 있다. 예를 들면, 시험에 합격했다거나 성적이 향상되었다거나 하는 피드백말이다. 이러한 과정은 굉장히 무료하고 재미없게 느껴질 수 있다. 그러므로 스스로에게 피드백을 자주 해주는 것이 중요하다. 예로 어떤 새로운 것을 배웠을 때 그것을 응용할 수 있는 방법을 찾아보는 것도 피드백이 될 수 있다. 이런 피드백은 누군가에게 설명할 필요 없이 혼자 기록해 두는 것만으로도 충분하다. 또 오늘 하루 공부 목표를 달성한 자신에게 맛있는 음식을 대접하는 등의 즉각적인 피드백 역시 공부 효율을 높이는 데 효과적이다.

#5
앞에서 공부한 내용을 점검하라

일정 시간 공부하고 나면 앞에서 공부한 내용을 점검해 볼 필요가 있다. 한 번도 멈추지 않고 앞만 보고 진도를 나가다 보면 뒤로 갈수록 앞 내용을 많이 까먹게 된다. 예를 들어, 공부할 때 교재를 한두 페이지 정도 읽었으면 잠시 멈춰서 자신이 공부한 내용을 돌아봐야 한다. 영어 단어를 외울 때도 10개 정도 외우고 나서 잠시 멈추고 앞에 외운 단어들을 점검해 봐야 한다. 이 방법은 특히 어렵고 따분한 내용을 외울 때 사용하면 효과적이다.

#6
음악을 이용하라

많은 사람들이 음악을 들으면서 공부하면 주의 집중력이 흐트러진다고 말한다. 하지만 사실은 결코 그렇지 않다. 나는 공부할 때 음악을 자주 듣는 편인데, 전혀 방해가 되지 않는다. 주변에 몇몇 공부 고수들에게도 물어봤더니 그들도 공부하거나 책을 읽을 때 음악을 자주 듣는 편이라고 했다. 그들 중 대부분은 음악을 틀어 놓기는 하는데, 처음 몇 분만 들릴 뿐 일단 몰입하고 나면 음악 소리가 들리지 않는다고 했다.

하지만 어떤 음악을 듣느냐가 중요하다. 격려가 필요할 때, 예를 들면 시험이나 중요한 시합을 앞두고 있을 때는 우웨텐의 노래처럼 들으면 기분이 좋아지고 힘이 나는 음악을 골라야 한다. 반대로 마음의 안정이 필요할 때, 예를 들면 업무를 처리하거나 중요한 이메일을 보내려고 할 때는 마음을 편안하게 해 주는 음악을 고른다. 경쾌하면서도 박자가 너무 빠르지도 않은 슈베르

트의 음악이 적당하다. 공부에 지쳐 휴식이 필요할 때는 뇌가 잠시 쉴 수 있도록 가벼운 대중가요를 듣는다.

#7
공부에 대한 열정을 찾아라

많은 사람들이 공부는 괴로운 일이라고 생각하지만, 꼭 그런 것만은 아니다. 공부에 대한 열정이 없으면 공부를 잘할 수 없다. 농구를 싫어하는 사람이 농구를 잘할 수 없는 것과 마찬가지다. 공부의 고수들은 공부하면서 성취감을 느끼고 즐거움을 찾는 사람들이다.

현명한 학생들은 먼저 자신이 공부하려는 과목에 대한 흥미를 높이려고 노력한 뒤 공부를 시작한다. 예를 들면, 영어 공부를 하기 전 재미있는 미국 드라마를 통해 영어에 대한 흥미를 높인다. 지루한 시험 문제만 풀다 보면 영어 공부가 힘들고 지루하게 느껴지고, 결국 영어에 대한 흥미도 떨어지게 된다. 또 한 가지 예를 들면, 나는 우쿨렐레를 처음 배울 때 가장 쉬운 〈반짝반짝 작은 별〉을 먼저 연습해서 곧바로 친구들 앞에서 연주를 했다. 이처럼 먼저 자신이 배우려고 하는 것에 대한 흥미를 높인 다음 공부하면 효율을 더욱 높일 수 있다.

#8
마음이 맞는 공부 파트너를 찾아라

　마지막은 가장 중요한 항목이다. 사람이 혼자 뛰면 더 빨리 뛸 수 있지만 여러 사람이 다 같이 뛰면 더 멀리 갈 수 있다. 그러니 마음이 맞는 공부 파트너를 찾아 함께 공부를 한다면 효과가 배가 된다.

　나는 대학원에 진학하겠다는 학생이 있으면 시험 준비를 같이할 친구를 찾아 함께 공부하라고 말한다. 내가 운영하는 샹룽독서회는 원래 간단히 녹음만 하면 끝나는 것이지만, 많은 사람들이 그룹을 만들어 이야기를 나눈다. 서로를 통해 더 많은 것을 배우고 함께 성장하기 위해서다. 배우고 성장하는 길 위에서 당신은 결코 혼자가 아니다.

　혼자서 공부하면 효율은 훨씬 높겠지만, 함께 공부하면 훨씬 더 멀리 갈 수 있다.

현재를 소중하게 생각하지 않으면
더 나은 미래는 없다

나는 유독 사랑에 관한 글을 잘 쓰지 않는 편이다. 하지만 이번 글에서는 다음과 같은 세 가지 이야기를 통해 사랑에 대한 나의 생각을 나누고자 한다. 지금부터 나와 함께 연애의 비밀을 파헤쳐 보자.

#1

"그녀가 결혼했어."

친구는 고개를 푹 숙이고 뜨거운 국물을 들이켜더니 이내 종업원에게 소리쳤다.

"여기 맥주 두 병만 더 주세요."

나는 옆에서 아무 말 없이 그의 등을 두드렸다.

1년 전, 그는 여자친구의 반대를 무릅쓰고 미국으로 MBA 과정을 밟기 위해 떠났다. 그는 대학교를 졸업하고 10년 동안 한 회사의 사내 아나운서로 일했다. 대단한 자리는 아니었어도 안정적인 직업이었다. 회사에 들어가기 전 창업도 해 봤지만, 대부분 실패로 끝이 났다. 서른은 커리어에 슬럼프가 찾아오기 쉬운 나이다. 그리고 대부분의 사람들은 슬럼프를 극복하기 위해 새로운 일에 도전한다. 그 친구도 그랬다.

그는 어느 날, 3년을 만난 여자친구에게 이렇게 말했다.

"나 미국에서 MBA를 하고 싶어."

여자친구가 말했다.

"나 벌써 서른이야. 결혼하고 싶어."

친구는 결혼 애기는 못 들은 척 얼버무렸다.

"나도 벌써 서른이 넘었어. 더 늦기 전에 도전해 보고 싶어."

다음 날, 여자친구가 그럼 MBA를 떠나기 전에 싼야로 함께 여행을 가자고 제안했다. 그래서 얼마 후 두 사람은 비행기를 타고 싼야로 떠났고, 그곳에서 즐거운 시간을 보냈다. 어느 날 저녁에 친구들과 함께 바에서 술을 마시고 있는데, 갑자기 여자친구가 일어나 음악 소리를 멈춰 달라고 부탁했다. 그러더니 친구 앞으로 다가와 한쪽 무릎을 꿇고 반지를 내밀며 말했다.

"나와 결혼해 줄래?"

그렇다. 여자친구가 남자친구에게 청혼을 한 것이다.

내 친구는 어안이 벙벙해져서 머리만 긁적이다가 여자친구의 팔을 잡아당기며 말했다.

"장난치지 말고 빨리 일어나. 차가운 바닥에서 왜 그러고 있어."

하지만 여자친구는 일어나지 않고 그의 얼굴만 바라보고 있었다.

친구는 민망해하며 여자친구의 팔을 억지로 잡아당겨 일으켜 세웠다. 그러고는 밴드를 향해 음악을 다시 연주해 달라고 손짓했다. 음악 소리로 이 어색한 상황을 모면해 보려고 했지만 여자친구의 표정은 이미 싸늘하게 굳어 있었고, 분위기는 이미 걷잡을 수 없이 어색해져 버렸다.

그렇다. 남자친구가 여자친구의 청혼을 거절한 것이다.

나중에 내가 물었다.

"그때 무슨 생각이 들었어?"

그가 말했다.

"내가 미쳤었지. 그때는 외국에 나가면 더 좋은 사람을 만날 수 있지 않을까 생각했어."

그날 이후 여자친구는 더 이상 그에게 사랑한다고 말하지 않았다. 여자친구는 출국 전에 친구에게 건강히 잘 지내라고 작별 인사를 했다. 그리고 떠나기 전에 진지한 표정으로 말했다. 1년 안에 좋은 사람을 만나게 되면 결혼할 수도 있다고. 친구는 웃으며 자기 같은 남자는 절대 못 만날 거라고 농담했다. 그는 여자친구의 이마에 키스하며 작별 인사를 했다.

친구가 미국으로 떠난 이후 그녀는 금방 다른 남자를 사귀었고, 얼마 후 그 남자와 결혼했다.

그때 이마에 했던 키스가 마지막 인사가 된 것이다.

그녀의 새 남자친구는 그 친구도 잘 아는 사람이라고 했다. 두 사람을 함께 아는 친구들은 모두 결혼식에 초대를 받았지만, 그 친구만 소식을 몰랐다. 결혼식 당일 친구들이 모두 SNS에 두 사람의 결혼식 사진을 올렸다. 하지만 그녀만 아무것도 올리지 않았다. 그때 그는 아직 미국에 있었는데, 그녀를 잃은 순간 자신이 그녀를 진심으로 사랑하고 있다는 것을 깨달았다. 잃어버린 후에야 그녀의 소중함을 깨달은 것이다.

나는 이렇게 말했다.

"곧 있으면 마흔인데 아직도 그러고 있으면 어떡해?"

그가 말했다.

"그러게. 사람 마음이 참 간사하지."

그는 얼마 후 베이징으로 돌아오기로 결심했다. 하지만 팬데믹이 시작되면서 해외에서 입국한 사람은 무조건 14일 동안 격리해야 한다는 규정이 발목을 잡았다. 그래도 그는 모두의 반대를 무릅쓰고 귀국을 결정했다. 학기를 조기에 마치고 비싼 비행기 표를 끊어서 뉴욕에서 베이징으로 날아왔다. 그 시기에는 모든 사람들이 마스크를 쓰고 비행기를 탔고, 작은 기침 소리에도 신경이 곤두섰다. 하지만 무엇보다 그를 초조하게 만든 건 14일 동안의 격리였다. 그는 이 기간에 몰래 빠져나가 여자친구를 찾아갈 생각이었다. 하지만 격리 시설에서 빠져나갈 수 있는 방법은 없었다. 그는 아는 사람들에게 모두 전화해 물어봤지만, 같은 대답이 돌아왔다.

"나라에서 정한 규정이라 어쩔 수 없어."

다행히 면세점에서 사 온 술 한 병이 있어서 14일을 무사히 버틸 수 있었다.

그는 14일 동안 그녀에게 수도 없이 전화를 걸어봤지만, 그녀는 받지 않았다. 최대한 침착한 목소리로 음성 메시지도 남겨봤다. 하지만 아무런 답장도 받지 못했다. 드디어 격리가 끝나고 그는 두 사람이 함께 살던 집으로 달려갔다. 당연히 그녀는 이사를 가고 없었다. 집 안에는 그녀의 흔적을 찾아볼 수 있는 물건이 아무것도 없었다. 마치 두 사람이 함께 살았던 적이 없는 것처럼, 마치 그의 인생에 없었던 사람처럼. 하지만 정말 모든 것이 없던 일이라면 왜 가슴이 이렇게 아픈 걸까?

그 이후 그는 완전히 다른 사람이 되어 버렸다. 내일모레 마흔을 바라보는 1983년생 남자는 매일 술에 빠져 살았고, 주변 사람들에게 계속 여자를 소개해 달라고 졸랐다. 하지만 새로운 사람을 만나도 얼마 못 가서 헤어졌다. 그는 술을 마시면서 누구누구는 괜찮은데 예전 그녀보다 못하다며 비교했다. 그 친구가 그토록 사랑했던 그녀는 한 마디 말도 하지 않은 채 그의 인생에서 영원히 사라져 버렸다.

그에게 만약 그녀를 다시 만나 한 가지 질문만 할 수 있다면 무엇을 물어보고 싶은지 물은 적 있다.

그가 말했다.

"내가 묻고 싶은 건 왜 SNS에 결혼식 사진을 올리지 않았냐는 거야."

참 가슴 아픈 이야기다. 그들의 이야기를 통해 알아본 첫 번째 연애의 비밀은 '현재를 소중하게 생각하지 않으면 더 나은 미래는 없다'는 것이다.

#2

누군가 말했다. 서른이 넘으면 연애 비용이 늘어나기 시작한다고. 그 이유는 선택권이 점점 줄어들기 때문이다. 남자든 여자든 잘난 사람들은 일찌감치 가정을 꾸렸기 때문에 사람을 고르는 데 있어서 더욱 이성적이고 신중해지기 시작한다. 하지만 사랑은 이성으로 하는 것이 아니라는 사실을 누구나 잘 안다. 일단 재고 계산하기 시작하면 단순하게 생각하기 어려워진다. 그런데 중년이 가까워져 오는 사람은 어떻게 해야 할까?

사실 모든 문제는 연애는 결혼을 위해 하는 것이라는 생각 때문에 생긴다. 실제로 결혼은 하지 않고 연애만 하겠다는 사람이 있으면 양아치라고 손가락질받는 것이 현실이다. 그런데 결혼을 목적으로 연애하는 사람이 만날 수 있는 사람은 세 부류다. 이미 놀 만큼 놀아서 이제 방탕한 생활을 접고 정착하려는 남자, 아무나 보면 결혼하고 싶어 하는 철없는 남자, 자기가 한 말에 절대 책임지지 않는 사기꾼.

연애는 연애일 뿐. 목적이 있으면 안 된다. 결혼이란 연애하다가 마음속에서 진심으로 우러나올 때 자연스럽게 이야기하면 된다. 연애할 때는 과거나 미래가 아니라 현재를 바라봐야 한다.

일도 잘하고 얼굴도 예쁘게 생긴 친구가 있다. 그녀는 대학교 때부터 8년 동안 연애한 남자가 있었다. 그와 헤어졌을 때 그녀는 이미 스물아홉 살이었다.

서른 살 이전에 결혼을 못 할지도 모른다는 생각에 마음이 급해진 그녀는 닥치는 대로 소개팅을 하기 시작했다. 그리고 짧은 기간 안에 8년간 연애했을 때와 비슷한 감정을 찾으려고 노력했다. 하지만 이성적으로 생각해 봤을 때 그것은 불가능한 일이었다.

마음이 급해질수록 계획은 계속 틀어지기만 했다. 그녀는 자신의 올해 KPI(핵심성과목표-역주)는 남자 다섯 명을 사귀어서 서른 전에 시집을 가는 것이라고 농담처럼 말했다. 그러다가 그녀는 사랑이란 숫자로 가늠할 수 없으며, 이 세상에 숫자로 가늠할 수 있는 것은 돈밖에 없다는 사실을 깨달았다. 그래서 이제 상대방에 대한 감정보다는 조건으로 그 사람을 사랑해야 할지 말지를 판단하기로 결심했다. 예를 들면, 집이 몇 채가 있고 차는 몇 대가 있는지 등으로 말이다. 그런데 그러면 자신이 상대방을 사랑하는 것인지 아니면 상대의 돈을 사랑하는 것인지 구분할 수 없을 것 같았다. 게다가 돈이라면 그녀에게도 충분히 있었다. 과연 그녀는 어떻게 해야 할까?

그 친구가 내게 이런 이야기로 하소연했을 때 나는 이렇게 물었다.

"첫째, 도대체 누가 서른 전에 결혼해야 한다고 말했냐?"

"둘째, 누가 사랑을 숫자로 가늠할 수 있다고 알려 줬냐?"

만약 사랑을 가늠할 수 있는 기준이 있다면, 시간밖에 없을 것이다.

나는 그녀에게 이런 말을 해 줬다.

"너무 급하게 생각하지 마. 좋은 사람을 만나면 연애하고, 나중에 둘이 잘 맞으면 그때 결혼을 생각해 보는 것도 늦지 않아. 그리고 결혼을 못 하면 어때? 일단 연애하는 순간을 즐기고 네 인생을 즐기며 살아. 그렇게 마흔이 되었을 때 결혼을 못 했어도 괜찮아. 너는 네 인생을 충분히 즐기며 살아왔으니까. 결혼을 꼭 해야 하는 나이는 없다고 생각해. 결혼을 꼭 해야겠다는 감정만 있을 뿐이지. 마흔을 넘긴 누나들 중에 결혼하지 않았는데도 충분히 자기 인생을 즐기며 살아가는 사람들을 많이 봤어. 영화 〈죽은 시인의 사회〉에 보면 이런 말이 나와. 'carpe diem'. 지금 이 순간에 충실 하라는 의미야. 이것이 바로 연애의 두 번째 비밀이기도 하지. 결과를 생각하지 말고 현재를 즐겨. 언제 다시 시작해도 늦지 않아."

이 글을 쓰기 며칠 전, 그녀에게 메시지가 왔다. 남자친구와 벌써 1년째 연애 중이고, 얼마 전 청혼을 받아서 승낙할지 말지 고민 중이라고 했다.

나는 웃으며 답장을 보냈다.

"그건 네가 결정할 일이지만, 어쨌든 축하해!"

#3

가난한 스물네 살의 남자가 꽃처럼 예쁜 스물두 살의 여자를 만났다. 학교를 이제 막 졸업한 여자는 부모님의 반대에도 불구하고 남자를 선택했다. 두 사람이 연애한 지 1년 정도 지났을 때, 여자가 남자에게 결혼할 생각이 있는지 물었다. 남자는 머리를 긁적이며 말했다.

"나는 집도 없고 차도 없는데 너를 행복하게 해 줄 수 있을까?"

여자가 말했다.

"내가 사랑하는 건 오빠야. 그런 건 하나도 중요하지 않아."

남자는 여자의 말에 감동해서 더 열심히 노력했다.

그 이후 여자 쪽 부모님의 반대는 더욱 심해졌지만, 다행히 남자의 사업은 순조롭게 발전해서 상장까지 하게 되었다. 그리고 얼마 후 남자는 서른 살도 안 된 젊은 나이에 경제적 자유를 실현했다. 하지만 남자는 곧바로 여자에게 청혼하지 않고 계속 미루었다. 이제 남자의 나이는 서른이고, 여자는 스물여덟이 되었다. 남자에게 남은 선택은 두 가지였다. 첫 번째는 이 여자와 결혼하는 것이고, 두 번째는 새로운 사람을 만나는 것이었다.

서른 살에 젊은 부자가 된 남자는 이제 수많은 여성들이 탐내는 남편감이자 내로라하는 집안에서 눈독 들이는 사윗감이 되었다. 물론 남자가 성공한 이후, 여자 쪽 부모님의 태도는 180도 바뀌었다. 당신이 남자와 같은 상황이라면 어떤 선택을 하겠는가?

남자는 오래 고민하지 않고 서른 살이 되기 일주일 전 여자에게 청혼했다. 여자는 눈물 콧물 다 흘리며 남자가 반지를 꺼내기도 전에 '좋아!'라고 소리쳤다. 남자가 청혼하기 전날, 술자리에서 친구들은 그에게 왜 그렇게 빨리 결혼하려고 하냐고 말렸다.

한 친구가 이렇게 말했다.

"너 그쪽 부모님이 처음에 너를 어떻게 대했는지 잊었어? 이제 성공했으니 훨씬 더 좋은 사람을 만날 수도 있을 텐데, 왜 그렇게 서둘러 무덤으로 들어가려는 거야?"

그는 술을 몇 잔 마시고 이렇게 소리쳤다.

"나는 그녀와 결혼할 거야! 내가 아무것도 없을 때 유일하게 내 옆에 있어 준 사람이라고."

나는 두 사람의 결혼식에 갔었다. 창업할 때도 한 번도 눈물을 보인 적이 없었던 남자는 그날 아무것도 없을 때 유일하게 자신의 옆에 있어 준 그녀에게 사랑을 고백하며 눈물 흘렸다.

두 사람 사이에는 이제 귀여운 아이도 두 명이나 생겼다. 그의 SNS에서 네 가족이 함께 여행 다니는 사진을 볼 때마다 진정한 행복이란 이런 것이구나 하는 생각이 든다.

세 번째 연애 비밀은 바로 '최고의 배우자는 시간이 검증해 준 그 사람'이라는 것이다.

부디 모두가 행복하기를.

청춘은
기꺼이 변하고자 하는 결심이다

#1

고등학교 때 그에게는 한 가지 소원이 있었다. 바로 머리부터 발끝까지 흰색으로 차려입는 것이었다. 그렇게 차려입으면 만화 속에 나오는 멋진 왕자님처럼 될 수 있을 것만 같았다.

여학생들도 분명 그런 남학생을 좋아할 거라고 생각했다. 그래서 새하얀 셔츠가 그에게는 곧 청춘을 의미했다.

어머니는 그의 이야기를 듣고 흰색 옷을 한 벌 사 주셨고, 그렇게 입으니 멋있다는 말도 해 주셨다. 하지만 얼마 뒤, 어머니는 더 이상 흰색 옷을 입지 못하게 하셨다. 흰색 옷은 세탁하기 너무 힘드니까 검은색 종류로 입으라고 말이다.

그가 말했다. 어차피 흰색 옷을 오래 입으면 검은색으로 변하는 거 아니냐고.

어머니는 그의 엉덩이를 걷어차셨다.

그날 이후, 그는 더 이상 흰색 셔츠를 입지 않았다. 어머니가 너무 바빠서 흰색 셔츠를 세탁할 시간이 없었기 때문이다. 그렇게 그의 흰색 셔츠는 내내 옷장 안에 걸려 있게 되었다.

나중에 베이징으로 떠나면서 흰색 셔츠를 가져갈까 한참을 고민했지만, 결국 가져가지 않기로 결심했다. 베이징에서 바쁘게 살면서 흰색 셔츠를 세탁할 시간이 있을까 싶어서였다.

그는 졸업 후 취직하고 나서도 흰색 셔츠를 거의 입지 않았다. 흰색 셔츠는 깨끗하게 세탁하기가 어려웠을 뿐만 아니라, 흰색 옷을 입으면 사람이 가벼워 보인다는 말 때문이기도 했다. 실제로 일하면서 흰색 옷을 입은 사람을 많이 보지 못했다. 창백한 얼굴들만 보일 뿐.

게다가 가장 중요한 이유는 흰색 옷을 입으면 뚱뚱해 보인다는 점이었다. 흰색 셔츠만 입으면 그의 뚱뚱한 뱃살이 여과 없이 드러났다. 그렇다. 그는 어른이 되면서 위로만 자란 것이 아니라 옆으로도 자랐던 것이다. 마치 중년의 아저씨다운 뱃살의 소유

자였다.

　살이 찌는 이유는 복잡하다. 과학적으로는 유전자, 사회 환경, 심리적인 요인 등이 비만을 일으키는 원인이 될 수 있다고 말한다. 그런데 이러한 요인들에 불을 붙이는 것은 바로 건강하지 않은 생활 습관이다. 비만을 일으키는 요인과 밤샘, 폭식, 운동 부족 등의 건강하지 않은 생활 습관이 만나면 우리 몸에서는 체중의 변화가 나타나기 시작한다.

　언제부터인가 그는 티 없이 맑고 깨끗했던 소년의 모습과 멀어지기 시작했다. 이제 깨끗한 흰색은 어렸을 적 기억에 남아 있을 뿐이다. 고향 집 옷장 깊숙이 걸어 놓고 꺼내 보지 않는 흰색 셔츠처럼, 점점 그의 기억 속에서 잊혀졌다.

　그는 자신의 몸과 마음이 어린 시절 꿈꾸던 맑고 깨끗한 흰색에서 점점 멀어지고 있다는 생각이 들었다. 어느 날, 뚱뚱해진 몸으로 고향집에 돌아가 옷장 깊숙이 넣어 놓았던 흰색 셔츠를 꺼냈다. 그의 나이는 이제 막 서른이 되었다. 열여덟 살 때 입었던 셔츠를 가만히 바라보다가 왈칵 눈물이 쏟아졌다. 12년이라는 시간 동안 그의 키는 더 이상 자라지 않았지만, 몸무게는 10kg이 늘어났다. 그의 눈빛은 불안하고 무기력해 보였다. 그는 흰색 셔츠를 들고 스스로 다짐했다.

‘시간을 되돌릴 수 없다면 멋진 몸이라도 만들어 보자.’

#2

나는 흰색 셔츠를 베이징으로 가져왔다. 그리고 용기 내어 체중계에 올라가 나의 체중과 마주했다. 얼마 뒤, 건강검진을 받으러 갔는데, 역시나 예상했던 대로 지방간과 고지혈증 수치가 높게 나왔다. 하지만 나는 이 모든 것이 일에 대한 스트레스 때문이라고 핑계 댈 수 없었다. 나이를 서른 살이나 먹고 내 문제를 남 탓으로 돌리는 사람이 앞으로 무슨 일을 할 수 있겠는가?

나는 다시 건강한 몸을 되찾아야겠다고 결심했다. 그날 이후 엄격한 식단 관리를 하고 철저한 운동 계획을 세워 실천했으며, 가급적 모임과 회식을 줄였다.

건강한 생활을 유지하기 위해서는 식단, 운동, 심리 이 세 가지를 모두 골고루 관리해야 했다. 나는 우선 식단에서 쌀과 면이 들어간 메뉴를 제외했다. 탄수화물은 먹으면 기분이 좋아지지만, 비만을 일으키는 가장 큰 요인이기 때문이었다. 탄수화물 외에도 설탕 등과 같은 당류도 가급적이면 섭취하지 않았다. 운동으로는 달리기를 시작했다. 처음에는 5km를 달리다가 나중에는

10km를 달렸다. 또 처음에는 7분 55초의 페이스로 달리다가 6분 30초로 줄여 나갔고, 나중에는 6분까지 줄였다. 달리기를 처음 시작했을 때는 일주일에 한 번을 뛰었고, 나중에는 사흘에 한 번, 그리고 이틀에 한 번으로 늘렸다. 그렇게 점점 달리기를 즐기게 되었고, 건강한 생활을 되찾을 수 있었다. 게다가 달리기를 할 때 분비되는 도파민은 나를 점점 더 흥분시켰다.

3개월 후, 몸무게가 10㎏이나 줄어 있었다.

체중계 위에서 몸무게를 확인한 순간, 흰색 셔츠를 다시 한번 입어 봐야겠다는 생각이 들었다. 나는 옷장에 넣어 뒀던 흰색 셔츠를 꺼내 입고 거울 앞에 섰다. 열여덟 살 소년이 내 앞에 서 있었다. 세상에나! 내 청춘이 돌아왔다.

흰색 셔츠는 오래되어 색이 누렇게 바랬지만, 나는 다시 태어난 기분이었다. 그날은 삼십 대가 된 이후 가장 행복했던 날이었다. 세월에 파묻혀 있던 열여덟 살 소년을 끄집어내어 내 앞에 세워 놓았기 때문이다.

#3

강연을 준비하던 그는 한참 고민하다가 오랫동안 입지 않은 흰색 셔츠를 꺼냈다. 셔츠를 몸에 걸치고 단추를 하나하나 조심스럽게 끼웠다. 마지막 단추를 끼우는 순간, 그의 얼굴에 미소가 번졌다. 그동안 뱃살 때문에 끼울 수 없었던 단추를 드디어 끼우게 된 것이었다.

무대에 올라가기 전, 매니저가 셔츠 단추를 풀면 더 멋있을 것 같다고 말했다. 그는 고개를 끄덕이며 단추를 풀고 셔츠가 자연스럽게 늘어지도록 두었다. 무대에 힘차게 뛰어오를 때 머리카락과 함께 셔츠가 바람에 가볍게 휘날리는 것을 느낄 수 있었다. 아주 짧은 순간이었지만 그는 자신의 청춘을 되찾은 기분이었다.

청춘은 세월이 흐르면서 함께 사라지는 것이 아니다. 청춘은 '기꺼이 변하고자 하는 결심'이자 '세상에 대한 영원한 사랑'이다. 흰색 셔츠를 다시 꺼내 입은 순간, 열여덟 살 소년과 함께 청춘은 돌아왔다. 그리고 언제나 내 곁에 있을 것이다.

#4

서른 살이 되면 여러 가지 걱정과 두려움이 생겨난다. 나의 걱정은 살이 찌기 시작하면서 생겨났던 것 같다. 그런데 다이어트를 정식으로 시작하고 나서 예전에 내가 썼던 문장이 생각났다.

> 걱정을 떨쳐버리는 가장 좋은 방법은
> 걱정되는 일을 당장 해결하는 것이다.

사람의 체형이 통제력을 잃고 망가지는 순간, 그 사람의 생각도 통제력을 잃게 된다는 생각이 들었다. 다이어트를 하면서 책을 더 많이 읽을 수 있게 되었고, 책을 다 읽고 나서는 짤막하게 감상을 적어 놓기도 했다. 그뿐만 아니라 영어와 글쓰기 실력도 더욱 향상되었다. 이렇게 나는 건강을 되찾으면서 날마다 조금씩 더 발전했다.

서른 살, 인생은 이제부터 시작이다. 어느 날, 운동하면서 이미 사십 대에 접어든 형님과 이야기를 나눌 기회가 있었다. 내가 서른 살인데 주변에 벌써 대머리가 된 친구들이 있다고 말했더니, 그 형님이 웃으며 마흔이 되면 주변에 미친 사람들도 하나둘 생긴다고 말했다.

나는 절대 그렇게 되고 싶지 않았다. 물론 아무도 그렇게 되기를 바라지 않는다. 그러니 아무리 바빠도 자기 관리를 소홀히 하면 안 된다. 나이가 들수록 내 몸은 내가 알아서 챙겨야 한다. 식욕은 중년의 남자들이 가장 통제하기 힘든 욕망이다. 하지만 이러한 욕망을 통제하지 못하면 그 욕망은 얼굴과 배와 허벅지 등 온몸에 덕지덕지 붙어 버린다. 물론 외모의 변화보다 중요하게 생각해야 할 점은 비만이 고혈압, 심장병, 지방간 등 각종 질병의 원인이 된다는 것이다. 이처럼 외모보다는 비만으로 인한 만성병과 나쁜 생활 습관에 더 많은 관심을 기울여야 한다.

가장 과학적인 다이어트 방법은 생활방식을 적극적으로 바꾸는 것이다.

여성들도 마찬가지다. 나이와 결혼 여부와 상관없이 언제나 자신을 아름답게 가꾸고 운동하며 다양한 세상을 경험해야 한다. 남들에게 보여 주기 위해서가 아니라 '더 나은 내가 되기 위해서'다.

체중을 10kg 감량하고 나서 다시 병원에 검사를 받으러 갔다. 의사 선생님은 지방간이 사라지고 건강도 좋아졌다면서 이렇게 말했다.

"신체 나이가 이십 대 때로 돌아온 것 같네요."

나는 마음속으로 생각했다.

'그럼요. 앞으로도 그럴 겁니다.'

옮긴이 **이지수**

중앙대학교 국제대학원 한중 전문통번역학과를 졸업하고 현대자동차에서 전문 통번역사로 일했다. 문학, 인문, 실용, 아동서 분야의 전문 번역 작가로 원서의 배경과 문화를 잘 살피면서도 우리 작가의 글처럼 자연스럽게 읽혀야 한다는 생각으로 번역에 임하고 있다. 현재는 번역 에이전시 엔터스코리아에서 출판기획 및 중국어 전문 번역가로 활동하고 있다. 주요 역서로는 ≪회복력 수업≫, ≪성장을 꿈꾸는 너에게≫, ≪1초 만에 잠드는 방법≫, ≪수학책을 탈출한 미적분≫ 등이 있다.

90년대생, 젊은 꼰대가 외친다

기분을 이기는 생각

초판 1쇄 발행	2022년 10월 15일
지은이	리상룽
옮긴이	이지수
펴낸이	신호정
편집	전유림
마케팅	이혜연
디자인	이지숙
펴낸곳	책장속북스
신고번호	제 2020-000111호
주소	서울시 송파구 양재대로 71길 16-28 원당빌딩 4층
대표번호	02)2088-2887
팩스	02)6008-9050
인스타그램	@chaegjang_books
이메일	chaeg.jang@naver.com
ISBN	979-11-91836-13-4 (03190)